Pasquale Spagnoletti

IL RECESSO

Recesso, Revoca e Mutuo Consenso

BIBLIOGRAFIA

Betti	"Teoria Generale del Negozio Giuridico"
Bianca	"Diritto Civile" Vol. 1-7
Bigliazzi Geri - AA.VV.	"Istituzioni di Diritto Civile" Vol.1-3
Callegari	"Il recesso unilaterale nei contratti"
Cariota Ferrara	"Il Negozio Giuridico nel Diritto Privato Italiano"
Carpino	"L'acquisto coattivo dei diritti reali"
Cesaro	"Il contratto e l'opzione"
Cicu - Messineo	"Trattato di diritto Civile e Commerciale"
Corrado	"Recesso, revoca, disdetta" in Il Diritto dell'economia
D'avanzo	"voce Recesso" in Novissimo Digesto Italiano
De Nova	"Il recesso" in Trattato di Diritto Privato di Rescigno
Devoto	"L'obbligazione ad esecuzione continuata"
Franzoni	"Degli effetti del contratto"
Franzoni	"Efficacia del contratto e recesso unilaterale"
Gabrielli - Padovini	"Recesso" in Enciclopedia del Diritto
Galgano	"Il Negozio Giuridico"
Giampiccolo	"La dichiarazione recettizia"
Luminoso	"Il mutuo dissenso"
Mancini	"Il recesso unilaterale e i rapporti di lavoro"
Messineo	"Manuale di Diritto Civile e Commerciale" Vol. I - VII
Miccio	"Il recesso unilaterale del contratto come diritto potestativo"
Mirabelli	"Dei Contratti in Generale"

Bibliografia

Nanni	"La revoca del mandato"
Pilia	"Accordo debole e diritto di recesso"
Prosperi	"Forme complementari e atto recettizio"
Rescigno	"Manuale di Diritto Privato"
Rescigno	"Incapacità naturale e adempimento"
Roselli	"Il Recesso dal contratto"
Sangiorgi	"Giusta causa" in Enciclopedia del Diritto
Sangiorgi	"Recesso" in Enciclopedia Giuridica Treccani
Sangiorgi	"Recesso « ad nutum » e rapporti di durata"
Santoro Passarelli	"Dottrine Generali del Diritto Civile"
Scognamiglio	"Contributo alla teoria del negozio giuridico"
Tabellini	"Il recesso"
Torrente	"Manuale di Diritto Privato"

INDICE:

BIBLIOGRAFIA p. 4

INDICE p. 6

PARTE PRIMA: <u>RECESSO</u>

Cap. 1 Effetti del Contratto p. 10

Premessa; **A. Effetti**: Art.1321 c. c, Effetti finali, Effetti strumentali, Effetti reali, Effetti obbligatori, Effetti negoziali, Vincolo giuridico, Fondamento, Mutuo dissenso, Recesso; **B. Terzi**: Art.1372 c. c, Terzi, Parte formale, Apparenza, Aventi causa, Effetti finali, Parti del rapporto, Conclusione.

Cap. 2 Recesso p. 15

Recesso, Diritto potestativo, Risoluzione negoziale, Recesso legale, Recesso convenzionale, Atti prenegoziali, Irrevocabilità, Modalità, Legittimazione, Rappresentanza, Salvo approvazione della casa, Contratto Plurilaterale, Parte plurisoggettiva, Contratti collegati, Contratti vincolati, Transazione, Invalidità.

Cap. 3. Recesso ad Nutum p. 21

Diritto potestativo, Recesso ad nutum, Soggezione, Recesso acausale, Abuso, Recesso ad nutum legale.

Cap. 4. Natura Giuridica p. 24

Negozio unilaterale, Atto giuridico, Efficacia, Tipicità, Motivi, Funzioni.

Cap. 5. Figura Generale p. 27

Codice civile del 1865, Figura generale, Terminologia, Causa, Analogia, Funzione.

Cap. 6. Classificazione p. 31

Criteri, Tempo, Recesso ordinario, Recesso straordinario, Contratti Istantanei, Vizi, Vizi genetici, Vizi sopravvenuti, Fonti, Recesso convenzionale, Recesso legale, Temporaneità, Cause di recesso, Recesso acausale, Recesso causale.

Cap. 7   Effetti Naturali e Derogabilità   p. 36

Normativa, Effetti naturali, Deroghe, Clausola in deroga, Retroattività reale, Negozi ad effetti reali, Effetto traslativo, Retroattività obbligatoria, Retrovendita o opzione, Patto di conversione, Condizione risolutiva, Riscatto, Singole ipotesi di Recesso.

Cap. 8   Forma   p. 43

Forma Libera, Forma convenzionale, Forma ad relationem, Preliminare, Procura, Forma equivalente, Conclusione.

Cap. 9   Termini e Condizioni   p. 46

Termine iniziale, Contratti di durata, Termine per l'esercizio, Contratti istantanei, Termine finale, Condizione, Condizione sospensiva, Condizione risolutiva.

Cap. 10   Principio d'Esecuzione   p. 50

Normativa, Natura, Fondamento, Termine finale, Applicabilità, Contratti di durata, Acconti, Caparra confirmatoria, Preliminare, Preliminare ad effetti anticipati, Preclusioni, Derogabilità, Effetti reali, Condizione Risolutiva.

Cap. 11   Contratti di Durata   p. 57

Contratti di durata, Fondamento, Contratti a esecuzione periodica, Contratti a esecuzione continuata, Effetti reali, Causa dei contratti di durata, Irretroattività, Contratti a tempo determinato, Contratti a tempo indeterminato, Recesso legale, Principio generale, Contratti perpetui, Durata massima, Durata minima.

Cap. 12   Preavviso   p. 67

Fondamento, Nozione, Natura, Efficacia, Inadempimento, Funzione, Buona fede.

Cap. 13   Multa Penitenziale   p. 70

Nozione, Efficacia, Patto contrario, Penale, Caparra.

Cap. 14   Caparra Penitenziale   p. 73

Nozione, Natura, Ius poenitendi, Recesso oneroso, Multa penitenziale, Efficacia, Restituzione, Principio d'esecuzione, Caparra confirmatoria, Clausola penale.

Cap. 15   Recesso per Giusta Causa   p. 77

Nozione, Soggezione, Natura, Causa, Causa remota, Causa putativa, Fonti, Recesso causale, Rapporti a tempo indeterminato, Risoluzione, Lavoro, Giustificato motivo, Locazione, Appalto, Mandato, Comodato, Assicurazione, Altre ipotesi.

Cap.16 Recesso Legale   p. 83

A. Generalità: Nozione, Figura generale, Analogia e derogabilità, Contratti atipici a tempo indeterminato, Contraente debole, Normativa inderogabile, Terminologia, Contratti tipici a tempo indeterminato, Giusta causa, Recesso con penale, Recesso con preavviso, Recesso ad nutum; **B. Assicurazione:** art.: 1893, 1918, 1899, 1899, 1932 c.c.; **C. Appalto:** art.: 1671 c.c., Contratto d'opera, art. 1660 c.c., art. 1674 c. c.; **D. Vendita Immobiliare; E. Contratti reali:** Restituzione, Mutuo; **F. Società:** Società di persone, Società di capitali, Contratti plurilaterali; **G. Codice del consumo:** Normativa, Clausole vessatorie; **H. Trasferimento d'azienda:** Normativa, Contratti Personali, Recesso del terzo contraente.

Cap.17 Figure Affini   p. 98

A. Disdetta e Recesso: Nozione, Preavviso e giusta causa, Natura; **B. Rinunzia e Recesso:** Affinità, Mandato di credito, Mandato, Riporto; **C. Riscatto e Recesso:** Causa, Effetti, Art. 1500 c.c., Diritto potestativo; **D. Adempimento e Recesso; E. Condizione risolutiva e Recesso:** Affinità, Effetti, Differenze, Divieto ex art. 1355 c.c.; **F. Risoluzione e Recesso:** Affinità, Recesso per inadempimento, Eccezione d'inadempimento, Differenze, Efficacia, Operatività, Alternatività, Incompatibilità, Prevalenza, Rinunzia alla risoluzione.

PARTE SECONDA: <u>REVOCA e MUTUO CONSENSO</u>

Cap.18 Revoca   p. 111

Fatti estintivi, Risoluzione negoziale, Definizione, Autotutela, Terminologia, Atti prenegoziali, Applicabilità, Natura, Oggetto, Effetti, Ex tunc, Contratto modificativo.

Cap.19 Limiti alla Revoca   p. 118

Irrevocabilità, Limiti, Giusta causa, Risarcimento, Inopponibilità, Negozi familiari.

Cap.20 Mutuo Consenso   p. 121

Irrevocabilità del consenso, Mutuo consenso, Estinzione del contratto, Risoluzione negoziale, Recesso, Forma, Effetti, Effetti reali, Requisiti.

Note di Chiusura   p. 128

PARTE PRIMA: <u>RECESSO</u>

Cap. 1   Effetti del Contratto

Cap. 2   Recesso

Cap. 3   Recesso ad nutum

Cap. 4   Natura Giuridica

Cap. 5   Figura Generale

Cap. 6   Classificazione

Cap. 7   Effetti Naturali e Derogabilità

Cap. 8   Forma

Cap. 9   Termini e Condizioni

Cap.10   Principio d'Esecuzione del Contratto

Cap.11   Contratti di Durata

Cap.12   Preavviso

Cap.13   Multa Penitenziale

Cap.14   Caparra Penitenziale

Cap.15   Recesso per Giusta Causa

Cap.16   Recesso Legale

Cap.17   Figure Affini

1. Effetti del Contratto

Premessa

Il recesso è strettamente legato al tema degli effetti del contratto, non solo in quanto compreso nella sezione prima del capo quinto del libro quarto del codice civile, intitolato "Degli Effetti del Contratto", ma anche per essere fortemente connesso a quest'ultimo più ampio argomento, in ragione della particolare rilevanza che assume sull'efficacia del contratto. La questione riguardante gli effetti coinvolge anche quella dei destinatari del negozio o del contratto. Per cui qualsiasi trattazione sul recesso non potrebbe prescindere da un, sia pur breve, preliminare riferimento a questi due argomenti: quello degli effetti e quello dei destinatari degli effetti del negozio e del contratto (parti e c.d. terzi estranei).

A. Effetti

Art.1321 c.c

Il negozio giuridico e in particolare il contratto è lo strumento, di cui le parti si servono per realizzare i loro interessi. Questa intima essenza del contratto è descritta nella formula, con cui la legge lo definisce. L'art. 1321 del codice civile dice che il contratto è l'accordo diretto a costituire, modificare, estinguere un rapporto giuridico. La sua complessa funzione, rappresentata dalla causa, si attua con l'esecuzione delle prestazioni, che incidono sui rapporti giuridico – economici, creati o modificati. Il contratto ha un senso, in quanto possa produrre effetti. Questi sono intesi come modificazioni delle situazioni giuridiche delle parti, che realizzano così gli interessi, in funzione dei quali è stato concluso il contratto.

Effetti finali

Esistono due tipi di effetti contrattuali: effetti negoziali ed effetti finali.[1] [i]

---

[1] MIRABELLI "Dei Contratti in Generale" p. 288, SCOGNAMIGLIO " Contributo alla teoria del negozio Giuridico" p. 259 ss.; contra Osti, "voce Contratto"in NDI, p. 524-25, TALAMANCA "Osservazioni sulla struttura del negozio di revoca" in Riv. dir. civ., 1964, I, p. 162 e seguenti.
[2] CAMPAGNA "Negozi di attuazione" p. 71 ss., ALLARA "La revocazione delle disposizioni testamentarie" Torino, 1951, p. 58 ss..

Gli effetti finali sono i veri e propri effetti del contratto, determinati dall'esecuzione delle obbligazioni contrattuali (per esempio, gli effetti finali nella vendita consistono nel trasferimento della proprietà, nel pagamento del prezzo, nella consegna del bene).

Effetti strumentali

Nell'ambito degli effetti finali si suole fare una distinzione tra effetti finali veri e propri ed effetti strumentali. [2] [ii]

I primi operano una semplice modifica della situazione giuridica (ad esempio, la convalida del negozio annullabile). I secondi si realizzano tramite un'attività di esecuzione (per esempio, il pagamento del prezzo della vendita).

Effetti reali

Gli effetti finali possono essere di due tipi: reali e obbligatori. Gli effetti reali sono diretti al trasferimento della proprietà o di diritti reali e la costituzione dei diritti reali. Gli effetti reali generalmente si producono il virtù del consenso o della dichiarazione negoziale. Ad eccezione delle ipotesi di vendita obbligatoria, nella compravendita l'effetto reale consegue al momento della conclusione del contrato.

Non tutti i contratti producono effetti reali. Realizzano effetti reali: la vendita, la permuta e la donazione, ecc. Non producono effetti reali: la locazione, il deposito, l'appalto, ecc.

Effetti obbligatori

Gli effetti obbligatori determinano la nascita delle obbligazioni e rappresentano gli effetti normalmente realizzati da tutti i contratti. La vendita ad esempio produce sia effetti reali (ad esempio, il trasferimento della proprietà), che obbligatori (per esempio, il pagamento del prezzo).

Effetti negoziali

Gli effetti negoziali consistono, invece, nell'obbligo delle parti di tenere fede all'impegno contrattuale, nel senso di non sottrarsi al contratto con una revoca unilaterale del consenso e nel rispetto di tutte le clausole contrattuali.

Effetti del Contratto

Gli effetti negoziali operano, dunque, in una duplice direzione. Da un lato le parti si obbligano a non revocare il negozio posto in essere, c.d. <u>effetto dell'irrevocabilità del consenso</u>. Dall'altro assumono l'obbligo di rispettarne fedelmente il contenuto, così come liberamente da esse determinato, c.d. <u>effetto del rispetto del contratto</u>. Per tale ragione è più corretto parlare di <u>effetti negoziali</u>, piuttosto che di effetto negoziale. [3][iii]

Vincolo giuridico

A ben vedere gli effetti negoziali consistono in una <u>modificazione di una situazione esistente</u>, poiché il contratto fa sorgere a carico delle parti un <u>vincolo giuridico</u>, che esse hanno liberamente creato, in virtù del potere di autonomia contrattuale, concesso loro dall'ordinamento giuridico. Si sono obbligate a rispettare e mantenere la libera autoregolamentazione dei propri interessi, cui devono attenersi con comportamenti conseguenti e conformi. L'inosservanza di questi obblighi si risolve in un inadempimento contrattuale, esponendo le parti alle sanzioni previste dalla legge e dal contratto. [4][iv]

Fondamento

Si ritiene, costituisca fondamento normativo degli effetti negoziali l'art. 1372 c.c., il quale afferma che " <u>il contratto ha forza di legge tra le parti</u> ". [5][v]

Mutuo dissenso

L'effetto d'irrevocabilità non è insito nell'idea stessa di negozio o contratto, poiché l'autore o gli autori dell'atto possono sempre porre nel nulla, ciò che liberamente hanno creato. [6][vi]

Per revocare il negozio, occorre sempre una contraria manifestazione di volontà. Mentre nel <u>negozio unilaterale</u> è sufficiente la <u>manifestazione della stessa volontà contraria dell'autore,</u> che ha

---

[3] MIRABELLI "Dei Contratti in Generale", p.288-289, parla invece di effetto negoziale, anche se afferma che tale effetto è duplice.

[4] La maggior parte degli autori ritiene che gli effetti del contratto siano solo quelli finali. Così: RUBINO "La fattispecie e gli effetti preliminari", p. 238 ss.. MESSINEO "Dottrine generali" p. 374,

[5] OSTI " voce Contratto" p. 524, FERRARA FR. sr " Teoria dei contratti" p. 248, BETTI " Teoria generale del negozio giuridico" p. 249, MESSINEO "Dottrine generali" p. 372 e voce "Contratto nei rapporti col terzo" in Encicl. del dir. p. 956-957, MIRABELLI "Dei Contratti in Generale" p. 288.

[6] MIRABELLI "Dei Contratti in Generale" p. 289.

creato il negozio. Nei negozi bi-plurilaterali per sciogliersi dal vincolo contrattuale, occorre un successivo contratto, chiamato mutuo dissenso o mutuo consenso. Il consenso allo scioglimento deve essere unanime.

Recesso   Peraltro, la legge o una clausola contrattuale possono consentire ad una o entrambe le parti, di sciogliersi dal contratto con una dichiarazione unilaterale, chiamata recesso.

B. Terzi

Art.1372 c. c   Il secondo comma dell'art. 1372 del codice civile afferma che il contratto non produce effetti per i terzi. Il concetto di terzo non appare ben delineato in riferimento alle varie ipotesi e rispetto alle norme.[7][vii]

Terzi   Occorre chiarire, che la nozione di terzo non può riferirsi esclusivamente a quei soggetti, che non hanno concluso il negozio giuridico o il contratto.

Parte Formale   Ma qualche dubbio potrebbe porsi in riferimento a coloro che, pur avendo materialmente concluso il negozio, non siano i soggetti nel cui patrimonio si produrranno gli effetti finali. Infatti, in forza d'investitura di poteri presunta o reale, hanno concluso il contratto in nome e per conto di un soggetto diverso. Si parla di parte in senso formale a proposito del rappresentante, falso procuratore o del gestore d'affari altrui. Quindi anche questi soggetti non potrebbero essere considerati terzi.

Apparenza   Terzo non può ritenersi, neppure colui che ha concluso il contratto, creando una situazione di apparente titolarità (come, ad esempio, nel caso dell'erede apparente o del simulato acquirente).

Aventi causa   Si può ritenere, che non siano terzi, ma parti, gli aventi causa dai contraenti, la cui posizione o situazione giuridica discende direttamente dalle parti. Questi soggetti diventano parti successive del contratto o dei rapporti su cui opera il negozio. (come, per esempio,

---

[7] MESSINEO " voce Contratto nei rapporti col terzo" in Encicl. del dir. p. 19.

Effetti del Contratto

i successori universali o particolari a causa di morte o per atto tra vivi). [8][viii]

Effetti finali

È chiaro, che gli <u>effetti negoziali</u> possono prodursi soltanto per i soggetti del negozio. Allora, il problema di delineare al figura del terzo, si pone solo in riferimento agli <u>effetti finali</u>, che potrebbero interessare soggetti diversi da quelli, che hanno concluso il negozio.

Parti del rapporto

Ma, al di là delle ipotesi delineate (rappresentante, titolare apparente, successore universale o particolare), mentre nei <u>negozi bilaterali o plurilaterali</u> le parti del negozio sono allo stesso tempo <u>parti del rapporto</u>, cui il negozio o contratto si riferisce. Il <u>negozio unilaterale</u> è destinato essenzialmente a produrre <u>effetti nei confronti di soggetti diversi dal suo autore</u>. Che, essendo parti dei rapporti giuridici su cui il negozio incide, non possono reputarsi terzi. Si pensi, per esempio, al testamento, che non potrebbe produrre effetti se non nei confronti di soggetti diversi dal suo autore, divenendo efficace solo dopo la sua morte. Potrebbero ritenersi terzi gli eredi? [9][ix]

Conclusione

Terzo è in conclusione solo colui, che <u>non abbia materialmente concluso il negozio, non derivi la propria posizione dai soggetti del negozio e non sia parte del rapporto giuridico</u> sul quale il negozio produce effetti.

---

[8] Per Cass. n. 1666 del 1975, il successore a titolo particolare a causa di morte o per atto tra vivi è considerato un terzo

[9] MIRABELLI "Dei Contratti in Generale" p. 292 ss. Contra: CARIOTA-FERRARA, "Il Negozio giuridico nel diritto privato italiano" p. 669, ed anche BETTI, "Teoria del negozio giuridico", p. 265

2. Recesso

Recesso — Il recesso è una <u>dichiarazione di volontà unilaterale,</u> con cui <u>le parti si sciolgono dal vincolo contrattuale.</u> [10] [x]

Diritto potestativo — Il recesso unilaterale è un <u>diritto potestativo (ius poenitendi).</u> [11] [xi]
<u>Il potere di ciascuna delle parti di sciogliere il rapporto obbligatorio, sorto per effetto del negozio o del contratto</u> per la sola volontà e iniziativa di una di esse. [12] [xii]

Risoluzione negoziale — Il rapporto contrattuale si estinguerà, <u>senza che occorra una domanda giudiziale e un giudizio,</u> con la semplice <u>comunicazione della volontà di recedere.</u> Si parla a tal riguardo di <u>risoluzione negoziale o volontaria.</u>

Recesso legale — Il recesso si può fare, solo se tale <u>facoltà sia prevista dalla legge.</u> Infatti l'art. <u>1372, comma 1, cod. civ.</u> dispone che il contratto può essere sciolto solo "<u>per le cause ammesse dalla legge</u>".

Recesso convenzionale — Il successivo <u>art. 1373, comma 1 del codice civile</u> afferma che il <u>contratto</u> può <u>attribuire alle parti la facoltà di recesso.</u> Nelle due ipotesi si parla rispettivamente di <u>recesso legale e recesso convenzionale.</u>

Il recesso convenzionale, essendo previsto di comune accordo dai contraenti e da essi consacrato in una apposita clausola del contratto, non rappresenta un <u>eccezione al principio generale</u> dell'<u>irrevocabilità del contratto.</u> [13] [xiii]

Per cui, così come stabilito dal primo comma dell'art.1372 c.c., "il contratto <u>ha forza di legge fra le parti</u>" e di regola <u>non può essere</u> sciolto se non in forza di un successivo accordo o per legge.

---

[10] SANTORO - PASSARELLI "Dottrine Generali di Diritto Civile".
[11] ROMANO "La revoca degli atti giuridici privati".
[12] Cassazione: sentenza n. 62 del 2010.
[13] Alcuni autori parlano a tal proposito di deroga al principio generale dell'irrevocabilità del contratto. Come diremo nelle prossime pagine la deroga è, però, solo apparente.

Atti prenegoziali

Dall'enunciato principio generale consegue, che finché il contratto non sia concluso, le parti possono liberamente revocare il consenso, espresso attraverso la proposta e \ o l'accettazione. Che, per questa loro caratteristica di atti liberamente revocabili, assumono il nome di atti prenegoziali.

Irrevocabilità

Sulla libera revocabilità del negozio giuridico unilaterale ad opera del suo autore non sembra possano esserci dubbi. Ma, poiché questo è destinato a produrre effetti nei confronti di soggetti diversi dal suo autore, che devono considerarsi parti del rapporto, su cui il negozio opera, piuttosto che terzi. Può accadere, talora, che il negozio abbia fatto sorgere a favore della parte del rapporto, destinatario degli effetti, non autore del negozio (altrimenti, ma impropriamente, chiamato terzo), un diritto incompatibile con la revoca. In particolare si deve ritenere, che il recesso non sia revocabile. L'unico modo per il recedente di tornare sui suoi passi, è quello di richiedere alla controparte il consenso alla rinnovazione del contratto. Infatti, il recesso, una volta prodotto il suo effetto estintivo, può essere giuridicamente eliminato solo con la conclusione di un nuovo contratto, che faccia rivivere in qualche modo il vecchio rapporto. [14 xiv]

Modalità

Generalmente le parti convengono, che la facoltà di recesso attribuita a uno o all'altra o a entrambe, debba esercitarsi secondo determinate modalità.

Anche le norme di alcuni contratti tipici prevedono formalità da adempiere per potere recedere dal contratto. Si stabiliscono di solito due diverse modalità: il preavviso e \ o il corrispettivo (caparra o multa penitenziale). In alcuni contratti tipici l'esercizio del diritto di recesso è subordinato al verificarsi di una determinata situazione o di un dato evento, chiamato giusta causa.

---

[14] BIANCA "Diritto Civile" v. 3 p.701; FRANZONI op. cit. p. 316, Cass. Sentenze n.: 11779 del 1990 e 10252 del 1995, TRIMARCHI " Atti unilaterali" in N.D., afferma che gli atti unilaterali sono di regola irrevocabili.

Legittimazione	Non sembra possano esserci dubbi sul fatto, che la facoltà di recesso possa essere convenuta in favore di entrambe le parti. In tale ipotesi ognuna sarà legittimata a porre fine al rapporto con una semplice dichiarazione unilaterale, comunicata alla controparte.[15][xv]
	Per i rapporti nei quali sia richiesta una speciale capacità d'agire (ad esempio, nel contratto di lavoro), la stessa capacità deve ritenersi richiesta per il recesso.[16][xvi]
Rappresentanza	Il recesso può essere esercitato dal rappresentante, cui sia stata conferita una procura generale o speciale a recedere. Il potere di recedere non può ritenersi, però, implicito nella procura generale o in quella speciale, se non sia stato attribuito espressamente o non risulti dalla natura del contratto o dal conferimento dei poteri, qualora si estenda chiaramente alla gestione dell'intero rapporto contrattuale ed alla valutazione della sua convenienza.[17][xvii]
	La procura alle liti conferita al difensore, ai sensi dell'art. 75 c.p.c. attribuisce non solo la rappresentanza processuale, ma anche quella negoziale ai fini dell'intimazione della disdetta al conduttore nella locazione di immobili urbani.[18][xviii]
Salvo approvazione	Nei contratti conclusi dai mediatori, agenti di commercio o procacciatori d'affari, di solito campeggia la clausola "salvo approvazione della casa". Questi soggetti sono ritenuti collaboratori autonomi dell'imprenditore, non inseriti organicamente nell'impresa per la quale operano, con l'esclusivo compito di procurare clienti o acquirenti, perciò privi del potere di rappresentanza. La clausola ha lo scopo di sottolineare, che l'eventuale sottoscrizione del mediatore non ha valore vincolante nei confronti dell'imprenditore. Il contratto si concluderà solo quando l'imprenditore o i suoi rappresentanti presteranno il consenso. Quando, invece, il mediatore sia mu-

---

[15] DE NOVA "Il recesso" in Tratt. dir. priv. Rescigno, Cass. Sentenza n. 1740 del 1949, Cass. Sentenza n. 267 del 1976.
[16] D'AVANZO, op. cit., p. 1034.
[17] D'AVANZO, cit., p. 1034.
[18] Secondo Cass. n. 9666 del 1997, il mandato conferisce al procuratore ad litem, anche la possibilità di intimare la disdetta al conduttore. Per Cass. n. 4797 del 1999, la disdetta fatta ad uno solo dei conduttori dell'immobile, vale anche per gli altri.

nito di procura, il contratto si intenderà validamente concluso per mezzo del mediatore - rappresentante, con la conseguenza che la clausola "salvo approvazione della casa" integrerà l'attribuzione di una facoltà di recesso in favore dell'imprenditore. [19][xix]

Contratto plurilaterale

Anche se non espressamente previsto dalla legge in via generale, cosi come per gli istituti della nullità, annullabilità, risoluzione e impossibilità sopravvenuta, si ritiene. che il recesso sia applicabile ai contratti plurilaterali. Infatti, alcune norme prevedono la possibilità di recedere dal contratto di società, che rappresenta il paradigma dei contratti plurilaterali con comunione di scopo (art.: 2285, 2289, 2290, 2307 terzo comma, 2437, 2494, 2526 del cod. civ.) e dal consorzio per il coordinamento della produzione e degli scambi (art. 2609 c.c.).

Applicando analogicamente la regola di cui all'art. 1459 del cod. civ., il recesso di una sola delle più parti di un contratto plurilaterale non scioglie il rapporto contrattuale, salvo che la partecipazione del recedente non sia da considerarsi come essenziale per la natura dell'operazione economica o per espressa volontà delle parti. [20][xx]

Parte plurisoggettiva

La parte plurisoggettiva di un contratto plurilaterale è composta da più soggetti, che hanno un comune interesse. In tal caso, se non sia disposto diversamente nella disciplina dei rapporti tra i più soggetti, che compongono la parte, il potere di recesso non può essere esercitato da uno solo dei più soggetti, richiedendosi il consenso unanime.

Contratti collegati

Il recesso da uno solo di più contratti tra loro collegati non è consentito, se possa pregiudicare l'assetto complessivo degli interessi delle parti, così come strutturato nel complesso regolamento contrattuale. Così, ad esempio, non è possibile per uno solo dei più compratori di vari lotti di terreno, recedere dal patto con il quale il

---

[19] Cass. n. 4293 del 1980. TAMBURRINO, I vincoli unilaterali nella formazione progressiva del contratto, Milano, 1954, pp. 55-57; ROSELLI op. cit.; BIANCA op. cit. .
[20] SANGIORGI, op. cit.

venditore, che si era riservato la proprietà delle strade principali, avrebbe garantito la manutenzione delle stesse e fornito dei pubblici servizi verso il pagamento di un corrispettivo. [21][xxi]

Contratti vincolati

Il recesso non è applicabile a quei contratti tipici e vincolati, che stabiliscono una disciplina particolare, dalla quale si desume una funzione di tutela della stabilità del rapporto, salvo che quelle norme non abbiano carattere dispositivo. [22][xxii]

Transazione

Non da tutti i contratti si può recedere. Esistono contratti come la transazione, che per la loro natura o per la funzione che svolgono, non risultano compatibili con il recesso. La transazione può essere sottoposta a una condizione sospensiva o risolutiva, ma non a recesso, che potrebbe creare incertezza sulla volontà di prevenire o far cessare la lite. [23][xxiii]

Invalidità

Tutta la disciplina delle invalidità negoziali è applicabile al recesso. [24][xxiv]

In particolare il recesso viziato da violenza morale può essere annullato. Per quanto riguarda l'errore, applicando la teoria dell'affidamento, il recesso è annullabile, solo se il destinatario della dichiarazione poteva accorgersene. [25][xxv]

Salvo che le parti non lo abbiano espressamente previsto, si ritiene inammissibile un recesso parziale. [26][xxvi]

L'invalidità del recesso può determinare la sua inefficacia, per cui il rapporto continua a produrre i suoi effetti, essendo venuto meno l'effetto solutorio, che il recesso avrebbe prodotto, qualora non fosse stato annullato. Come accade nei menzionati casi della violenza morale e dell'errore. Si parla a tal proposito di effetto reale della dichiarazione giudiziale di illegittimità del recesso.

---

[21] Cass. n. 638 del 1976.
[22] Cass. n. 2417 del 1971. DE NOVA, op.cit., p. 549-551; GABRIELLI, "Vincolo contrattuale e recesso unilaterale", p. 108.
[23] FRANZONI, op. cit., p. 384; CIMMINO, Il recesso unilaterale dal contratto, Padova, 2000, p. 21.
[24] D'AVANZO op. cit. p. 1035.
[25] BRIDA, Dimissioni del lavoratore e violenza morale, in Dir. lav., 1996, I, p. 222; CIMMINO, op. cit., p. 62.
[26] D'AVANZO op. cit. p. 1037, Secondo CIMMINO, op. cit., p. 11, il recesso è imprescrittibile.

Più numerose sono, invece, le ipotesi in cui, nonostante la sua illegittimità, il recesso determina ugualmente lo scioglimento del contratto, comportando a carico del recedente soltanto l'obbligo di risarcire il danno al contraente receduto. Si parla a tal riguardo di <u>effetto obbligatorio della dichiarazione giudiziale di illegittimità del recesso</u>. [27] [xxvii]

Come per il caso previsto dal secondo comma dell'art. 1725 c. c., per la <u>revoca del mandato ingiustificata e senza preavviso</u>, che obbliga il mandante al risarcimento. Altra ipotesi in tal senso è rappresentata dalla <u>rinunzia del mandatario</u>, di cui al primo comma dell'art. 1727 c.c. o l'ipotesi stabilita dal quarto comma dell'art. 1751 c.c., per cui l'agente, che recede dal <u>contratto d'agenzia</u> a tempo determinato senza giustificazione, <u>perde l'indennità di cessazione</u>. Altro esempio è quello previsto per il <u>risarcimento del danno al lavoratore illegittimamente licenziato</u>. In ogni caso, tale obbligo risarcitorio non deve confondersi con quello indennitario, somma di denaro da versare ad opera del recedente quale corrispettivo del legittimo esercizio del diritto di recesso (ius poenitendi).

---

[27] ROSELLI op. cit..

3. Recesso ad nutum

Diritto potestativo

Il diritto di recesso, attribuito dalla legge o dal contratto, è (come si è anticipato nel capitolo precedente) unanimemente e tradizionalmente ritenuto in dottrina come una tipica ipotesi di diritto potestativo. [28] [xxviii]

Recesso ad nutum

Si parla di recesso ad nutum, per indicare la discrezionalità del potere di recesso, esercitabile senza dovere fornire alcuna motivazione o giustificazione alla controparte. Semplicemente comunicando la volontà unilaterale di sciogliersi dal rapporto e dal contratto.

Soggezione

Come in ogni ipotesi di diritto potestativo, al contraente receduto, controparte del recedente, in conseguenza incombe una soggezione. Tipica situazione giuridica che rappresenta il correlativo passivo del diritto potestativo, cui corrisponde un pati, il subire l'esercizio del diritto di recesso e il mutamento della propria posizione giuridica, senza potersi opporre.

R. acausale

Il recesso ad nutum è definito recesso acausale, per distinguerlo dalle ipotesi in cui la legge richiede una giusta causa di recesso. Il verificarsi di una situazione, che giustifichi il potere. [29] [xxix]

Abuso

Quando il potere di recedere ad nutum è attribuito in forza di una clausola contrattuale, occorre verificare in talune ipotesi, se possa configurarsi un ipotesi di abuso del diritto o di violazione dei principi della buona fede e correttezza contrattuale. Il controllo deve effettuarsi sia nella fase di genesi del contratto, che nel momento del concreto esercizio del diritto. In considerazione del fatto che nel recesso deve distinguersi la facoltà o diritto potestativo di recesso dall'atto di recesso. [30] [xxx]

L'attribuzione unilaterale a una sola delle parti contrattuali può

---

[28] Cass. Sentenza n. 267 del 1976, SANTORO - PASSARELLI "Dottrine Generali di Diritto Civile" p.72, D'AVANZO, cit.
[29] ROSELLI "Il Recesso dal Contratto" 2002.
[30] FRANZONI, op. cit., p. 332.

essere stata determinata da una situazione di squilibrio nel potere contrattuale delle parti, che ha consentito al contraente forte di riservare a sé la potestà di attenuare la forza vincolante del contratto. Il codice del consumo definisce l'ipotesi in parola nei contratti del consumatore come tipico caso di clausola vessatoria e, dunque, come tale inefficace. La giurisprudenza ritiene, che la verifica giudiziale del controllo sul carattere abusivo del diritto di recesso, debba prescindere dal dolo e dalla specifica intenzione di nuocere, quando sia provata la disparità di forze tra i contraenti.

In questo senso l'abuso del diritto si distingue dall'atto emulativo, il cui tratto caratteristico è proprio la volontà di nuocere o recare fastidio.

Il giudice deve valutare, inoltre, se l'esercizio del diritto di recesso ad nutum sia avvenuto nel rispetto dei principi di buona fede e correttezza contrattuale. Nel recesso acausale la prova del comportamento contrario ai principi di buona fede e correttezza contrattuale, comunque, incombe sul contraente receduto.

Ove sia accertato l'abuso del diritto o la condotta contraria ai principi della buona fede e correttezza, al contraente che ha subito il recesso, spetta in ogni caso il diritto al risarcimento dei danni. [31] xxxi

Un caso di abuso del diritto di recesso ad nutum è stato ravvisato nel contratto di apertura di credito bancario, quando la condotta tenuta dalla banca, abbia fatto sorgere nel cliente l'affidamento sulla possibilità di poter contare sul credito dell'istituto bancario. Tale comportamento insieme al recesso sarebbero lesivi dei principi della correttezza e della buona fede, costituendo un vero e proprio illecito compiuto dalla banca. [32] xxxii

Non è valido il recesso ad nutum, determinato da un unico motivo illecito. [33] xxxiii

---

[31] Cass. civ. Sez. III Sentenza n. 20106 del 2009.
[32] SANTORO, Un caso particolare di abuso nel recesso ad nutum: la brusca rottura del credito, in Contratto e impresa, 1986, pp. 772-778, con citazioni della dottrina e giurisprudenza francesi per l'ipotesi di "rupture inopinée et brusque de crédit".
[33] Cass. civ. Sez. III Sentenza n. 20106 del 2009. Cass. n. 4241 del 1981.

R. ad nutum legale

Il recesso ad nutum è previsto dalla legge in alcuni contratti tipici a favore del contraente debole o per la tutela d'interessi di rango costituzionale o di particolare valore economico o sociale, in ragione dei quali il legislatore ha sacrificato il principio dell'irrevocabilità e obbligatorietà del contratto.

L'art. 1771 del codice civile concede ad entrambe le parti del contratto di deposito di recedere ad nutum, eventualmente concordando un termine di preavviso.

Anche gli art. 1810 e 1834 del codice accordano al comodatario e al deponente, contraenti ritenuti deboli, rispettivamente nel contratto di comodato e di deposito bancario, la facoltà di recesso ad nutum, salvo il preavviso convenuto o risultante dagli usi. Il comodante non può richiedere ad nutum la restituzione della cosa, quando nel contratto di comodato non sia stato stabilito un termine finale, se per la natura e l'uso della cosa, la professione del comodatario, le utilità concretamente perseguite dai contraenti, sia possibile determinare una durata minima del rapporto. [34][xxxiv]

Il recesso ad nutum è previsto dall'art. 2237 c.c. nel contratto d'opera intellettuale per il committente, considerato dalla legge contraente debole, poiché ritenuto non perfettamente in grado, di valutare le condizioni contrattuali proposte dalla controparte, essendo non a conoscenza delle regole dell'arte o della professione.

Nel contratto di lavoro autonomo, l'art. 2227 c.c. attribuisce al committente il diritto di recesso ad nutum, in considerazione del fatto che in questo tipo di contratto può capitare, che venga meno la fiducia nelle capacità tecniche del prestatore d'opera o nasca l'esigenza di evitare costi eccessivi. [35][xxxv]

---

[34] Cass. n. 2719 del 1995.
[35] TOFFOLETTO "Il recesso nel contratto d'opera e nel contratto di lavoro autonomo di durata", BURRAGATO "Riflessioni in tema di recesso nel contratto d'opera intellettuale e rapporti di durata", C. Cost. Sentenza. n. 209 del 1974.

4. Natura Giuridica

Negozio unilaterale

L'atto di recesso è considerato dalla prevalente dottrina e giurisprudenza un <u>negozio unilaterale recettizio.</u> [36] xxxvi

Come <u>ogni atto unilaterale</u> è compiuto da una sola parte, non richiedendo l'accettazione. Il pagamento del <u>corrispettivo</u> del recesso, convenuto in termini di caparra o multa penitenziale, non fa perdere all'atto la sua qualità di negozio unilaterale. [37] xxxvii

Atto giuridico

Minoritaria è in dottrina la tesi, che qualifica il recesso come <u>atto giuridico non negoziale.</u> [38] xxxviii

In particolare si è parlato di semplice atto giuridico in senso stretto, <u>impugnabile solo quando manchi nel suo autore la capacità di intendere e di volere.</u> Poiché si è detto, che il recesso è pura espressione dell'esercizio di un potere, in quanto diritto potestativo mancherebbe nell'atto di recesso quella sfera di libertà, che permette di distinguere l'atto in seno stretto dal negozio giuridico. La dottrina prevalente ha obiettato, che il recesso, essendo destinato ad eliminare un rapporto giuridico, costituito con un negozio, richiede la volontà e la capacità propria dei negozi giuridici. [39] xxxix

Inoltre, si è affermato che non esiste alcuna antinomia tra libertà e potere. Il diritto di recesso <u>costituisce una manifestazione di autonomia,</u> poiché <u>comprende,</u> non solo <u>il potere</u> di operare sulla sfera

---

[36] BIANCA "Diritto civile" v. 3, TABELLINI "Il recesso", GIAMPICCOLO "La dichiarazione recettizia", MIRABELLI "Dei Contratti in Generale", D'AVANZO "voce Recesso" in Noviss. Dig. Italiano, GABRIELLI-PADOVINI "Recesso" in Enc. Dir, DE NOVA "Il recesso" in Tratt. dir. priv. Rescigno, GALGANO "Il Negozio Giuridico", Cass. Sentenza n. 2873 del 79.
[37] D'AVANZO op. cit.
[38] RESCIGNO "Incapacità naturale e adempimento" p. 85-117.
[39] CARIOTA FERRARA "Il negozio Giuridico nel Diritto Privato Italiano", GABRIELLI-PADOVINI "voce Recesso, in Enc. dir. p. 42, CESARO "Il contratto e l'opzione" p. 249, CARPINO "L'acquisto coattivo dei diritti reali" p. 153.

giuridica altrui, ma anche la libera scelta di determinare un mutamento della propria situazione giuridica. [40][xl]

Efficacia   Il recesso è un negozio unilaterale recettizio. Per produrre effetti, è necessario, che la dichiarazione negoziale sia portata a conoscenza del destinatario, cioè dell'altro soggetto del rapporto giuridico. Il negozio è concluso, perfetto e obbligatorio già nel momento in cui la dichiarazione è emessa. La sua efficacia conseguirà solo nel momento della comunicazione alla controparte, la quale non deve rivestire particolari formalità, poiché non è diretta a provocare un incontro di volontà. Per la sua efficacia deve essere, comunque, conosciuta dalla controparte. [41][xli].

Il recesso ha effetto dal momento in cui la dichiarazione del recedente giunge a conoscenza dell'altra parte. Solo a partire da tale momento la dichiarazione diviene impegnativa e irrevocabile per il destinatario e produce l'effetto di sciogliere il rapporto giuridico. [42][xlii]

Irrevocabilità   Quindi, da tale momento il recesso diviene irrevocabile. Per stabilire questo momento, salvo che i due soggetti del rapporto si trovino nello stesso contesto di luogo e tempo, valgono le regole enunciate dagli art. 1334 e 1335 del codice civile. Stante la presunzione di conoscenza, la dichiarazione si reputa conosciuta nel momento in cui giunge al domicilio del destinatario. Salvo che questi dimostri, di non averla potuto conoscere per cause a lui non imputabili. Queste sono costituite dal caso fortuito e dalla forza maggiore. Secondo la prevalente giurisprudenza l'onere di provare l'avvenuta comunicazione è a carico del recedente. Mentre la prova del caso fortuito o della forza maggiore, di cui all'art. 1335, grava sul destinatario della comunicazione..[43][xliii]

---

[40] GABRIELLI-PADOVINI "voce Recesso, in Enc. dir. p. 42, CESARO "Il contratto e l'opzione" p. 249, CARPINO "L'acquisto coattivo dei diritti reali" p. 153.
[41] Cass. Civ. Sez. I, Sentenza n. 2741 del 1983.

[42] PROSPERI "Forme complementari e atto recettizio" in Riv. dir. comm. p. 234; DE NOVA , cit. Tr. Rescigno; BIANCA, op. cit., p.701, MANCINI "Il recesso unilaterale e i rapporti di lavoro".
[43] Cass. Sentenza n. 2873 del 1979.

Qualora, per legge o per volontà delle parti sia stabilito un termine di <u>preavviso</u> per l'efficacia del recesso, l'avvenuta comunicazione produrrà <u>effetto solo dopo la scadenza di tale termine</u>.

Tipicità   Il recesso insieme al mutuo consenso e alla revoca viene comunemente ricompreso tra le cause estintive <u>dell'obbligazione diverse dall'adempimento.</u> Infatti, il recesso produce <u>l'effetto tipico di estinguere un precedente rapporto obbligatorio. Il recesso colpisce direttamente il rapporto,</u> senza <u>intaccare il contratto</u>. Di solito opera <u>nei contratti di durata</u>, accelerandone il termine e la vigenza degli effetti, che si protraggono nel tempo.

Motivi   I motivi, che inducono le parti ad azionare questo mezzo di risoluzione dei rapporti obbligatori, possono esser molteplici. Il recesso in generale è uno strumento di tutela <u>per le parti,</u> che le consente di sciogliersi da <u>negozi, che non sono più rispondenti</u> agli interessi, che ne hanno determinato la nascita (come, per esempio, nelle ipotesi previste dagli art.: 1537, 1539 e 1674 del cod. civ.). Oppure per la presenza <u>d'eventi sopravvenuti</u> non previsti, che hanno alterato gli effetti del negozio. (come nel caso di cui all'art. 1660, 1° e 2° comma c.c.). Anche un <u>comportamento illecito o non conforme ai principi della lealtà e correttezza</u> posto in essere dalla controparte, può essere ragione di recesso (vedi, ad esempio, le ipotesi di cui agli art.: 1385 2° comma e 1464 c.c.).

Funzioni   Il recesso costituisce un modo attraverso il quale, si può esercitare il <u>pentimento dal contratto</u>. Nei contratti di durata offre la possibilità di porre un <u>termine al rapporto</u>. Infine, può essere un <u>mezzo di impugnazione</u> del contratto alternativo, più rapido e meno cruento di quelli giudiziali. [44][xliv]

---

[44] GABRIELLI "Vincolo contrattuale e recesso unilaterale".

5. Figura Generale

c.c. 1865

Nel codice civile previgente non era prevista una figura generale di recesso. Assimilabili a quanto oggi previsto dall'art. 1373 del codice vigente, erano una serie d'ipotesi normative: la condizione risolutiva per inadempimento (art. 1165 del codice civile del 1865), la risoluzione della locazione d'opera d'appalto (art. 1641 del c.c. del 1865), la revocazione del mandato (art. 1757 del c.c. del 1865), la rinunzia del mandatario (art. 1761 del cod. civ. del 1865).

Figura generale

Il legislatore del 1942 ha voluto creare una figura generale di recesso, regolata dall'art. 1373 del codice civile, inserito nella disciplina del contratto in generale dopo l'art. 1372 c.c., che però enuncia un principio non proprio coincidente. Se si esamina nel complesso il dato normativo, appaiono giustificabili le numerose critiche della dottrina e giurisprudenza sull'unitarietà dell'istituto del recesso. Alle poche regole di carattere generale (art. 1373 e 1464 c.c.) si contrappone l'estrema varietà delle singole ipotesi, disciplinate da varie norme in relazione ad alcuni contratti tipici. Da taluni si è osservato, che l'art. 1373 non abbia affatto carattere innovativo e che riguardi solo l'ipotesi del recesso convenzionale. Infatti, le regole di cui all'art. 1373 non aggiungono nulla a quelle desumibili dalle figure di recesso, previste nelle norme dei contratti tipici. Il recesso legale non è disciplinato dall'art. 1373, ma dalle singole norme che regolano le varie ipotesi di recesso.

Si potrebbe giungere alla conclusione, che per il recesso non esista una nozione e una disciplina generale nel codice civile e che l'intento unificante non si sia realizzato, per la disomogeneità del dato normativo e le differenti espressione usate.[45][xlv]

---

[45] ROSELLI "Il Recesso dal Contratto", LAVAGGI "Osservazioni sul recesso unilaterale del contratto"; RUBINO "Recesso e scioglimento retroattivo per dichiarazione unilaterale di volontà"; MESSINEO "Manuale di Diritto civile e Commerciale"; OSTI, voce Contratto in NDI, cit., p. 527; DE RUGGIERO "Istituzioni di diritto civile", FRANZONI "Degli effetti del contratto" in Commentario del codice civile, diretto da P. Schlesinger p. 312, afferma che la norma non rappresenterebbe una novità; D'AVANZO "Recesso" in Noviss. Dig. it., p. 1027, afferma che i principi

Figura Generale di Recesso

Terminologia
Infatti, anche la terminologia usata nelle varie ipotesi di recesso non appare univoca. Talora il termine impiegato è quello di revoca del mandato o disdetta nella locazione. In altri casi si parla di rinunzia del mandatario o di sospensione del trasporto. [46 xlvi]

Causa
Secondo una diversa corrente di pensiero il recesso costituisce un vero è proprio istituto giuridico unitario. Non esisterebbero ostacoli insormontabili a questa costruzione unitaria. La figura generale di recesso si connota anzi di una particolare causa, funzione tipica rappresentata dal diritto potestativo allo scioglimento di un rapporto obbligatorio, attribuito a uno dei soggetti con una unilaterale dichiarazione di volontà, anche per rapporti costituiti con negozi bilaterali o plurilaterali. Infatti, a tutte le ipotesi di recesso sparse nelle varie fattispecie normative, previste nei contratti tipici, sono comuni le modalità di esercizio e gli istituti della giusta causa, del preavviso e della multa o caparra penitenziale. Inoltre, le parti possono convenzionalmente derogare alla disciplina, prevista nelle singole ipotesi legali di recesso nei limiti di disposizioni cogenti immodificabili (come accade, per esempio, per le norme inderogabili previste dalla disciplina del rapporto di lavoro agli articoli 2118 e 2119 del cod.civ.). [47 xlvii]

Le differenze terminologiche non avrebbero rilievo, in quanto indipendentemente dal nome usato (disdetta, revoca, rinunzia) non muta la funzione tipica dell'atto. [48 xlviii]

Analogia
Altra questione dibattuta in dottrina è se l'istituto del recesso, così come delineato dall'art. 1373 del codice civile, debba considerarsi come eccezionale. La collocazione sistematica della disposizione posta immediatamente dopo l'art. 1372 del codice civile, ha contribuito a corroborare la tesi del carattere eccezionale dell'istituto. Infatti, l'art. 1372 afferma il principio per cui il con-

---

generali in materia di recesso non riescono a spiegare le diverse figure di recesso disciplinate dal codice. Cass. Sentenza n. 1740 del 1949.
[46] MANCINI "Il recesso unilaterale e i rapporti di lavoro", LUMINOSO "Il mutuo dissenso", GABRIELLI, op. cit., p. 4 e ss.
[47] SCOGNAMIGLIO "Contributo alla teoria del negozio giuridico", MIRABELLI "Dei Contratti in Generale" p. 298, SANGIORGI "voce Recesso" in Enc. giur. Treccani, vol. XXVI p. 1.
[48] DE NOVA "Il recesso" in Tratt. dir. priv. Rescigno, SANGIORGI op. cit.

tratto ha forza di legge tra le parti e non può essere sciolto se non per concorde volontà delle parti stesse o per cause ammesse dalla legge. Si è argomentato sul fatto che come negozio giuridico unilaterale, il recesso è destinato di solito ad operare su rapporti costituiti bilateralmente, dai quali di regola ci si potrebbe liberare solo con il consenso unanime dei soggetti del rapporto. In quanto deroga al principio generale dell'irrevocabilità del contratto, stabilito dall'art. 1372, si è ritenuto il recesso come strumento eccezionale di risoluzione unilaterale da un rapporto giuridico, le cui norme non sarebbero suscettibili d'interpretazione analogica ed estensiva.[49][xlix]

Funzione tipica

Una più attenta ricostruzione dell'istituto ha permesso di inquadrare il recesso come figura unitaria, che comprende non tanto e non solo le varie ipotesi, previste nei contratti tipici, ma una serie di figure giuridiche, diverse dal recesso, all'interno di una categoria generale di negozi connotati da una medesima funzione. Quella di consentire a uno dei contraenti di decidere lo scioglimento del rapporto giuridico con un dichiarazione unilaterale di volontà. La proposta irrevocabile (art. 1329 c.c.), il patto d'opzione (art. 1331 c.c.), il preliminare (art. 1351 c.c.), la condizione risolutiva meramente potestativa (art. 1355 c.c.) e il riscatto convenzionale (art. 1500 c.c.) sono accomunate al recesso dalla stessa causa tipica. Sono al pari del recesso figure previste nella normativa generale del contratto, come importanti manifestazione del riconoscimento normativo all'autonomia privata della facoltà, attribuita a uno solo dei contraenti, di liberarsi da un vincolo contrattuale.

D'altro canto, a ben guardare, il recesso si inserisce perfettamente nel solco tracciato dall'art. 1372 del cod. civ, quando afferma che il contratto può essere revocato solo per effetto di un accordo delle parti o per le cause ammesse dalla legge, poiché quel potere, di sciogliersi dal rapporto contrattuale con una dichiarazione unilaterale, è concesso proprio in forza di una clausola del contratto,

---

[49] Cass. Sentenza n. 424 del 1963, DE NOVA op. cit. p. 548 - 549 , D'AVANZO op. cit. Secondo FRANZONI, op. cit., pp. 357-358, e Cass. n. 7579 del 1983, il recesso, poiché fa eccezione al principio generale della irrevocabilità del negozio giuridico, non è suscettibile d'interpretazione estensiva.

concordata unanimemente dalle parti o da una espressa previsione di legge. Pertanto, il recesso <u>non può essere ritenuto un istituto di carattere eccezionale</u>. In conseguenza, la normativa in materia di recesso è non solo <u>derogabile</u>, come espressamente previsto dal quarto comma dell'art. 1373 del codice civile, ma applicabile per via di interpretazione <u>estensiva e analogica.</u> [50]

Questa importante conclusione permetterebbe, dal punto di vista pratico, di estendere le norme sul recesso, applicandole analogicamente a fattispecie, che presentano caratteristiche simili.

---

[50] DE NOVA op. cit. p. 548 -549. Contra Cass. del 1963 n. 424, secondo cui il semplice fatto che il recesso sia previsto in numerose ipotesi di contratti a tempo indeterminato, non costituirebbe applicazione di una regola generale. Poiché tutti questi casi rappresenterebbero eccezioni al suddetto principio stabilito dall'art. 1372 c.c., secondo cui il contratto può sciogliersi solo per mutuo dissenso e per le cause ammesse dalla legge.

6. Classificazione

Criteri

Le numerose ipotesi di recesso si possono classificare attraverso vari criteri. In particolare in base al tempo, alla fonte e alla causa. Alla stregua del primo dei tre criteri, distinguiamo il recesso ordinario dal recesso straordinario. Secondo la fonte distinguiamo il recesso convenzionale dal recesso legale. In base alla causa distinguiamo il recesso acausale o ad nutum dal recesso causale o per giusta causa.

Tempo

A seconda della funzione che assolvono in riferimento a un dato tempo come cause estintive del rapporto, i casi di recesso possono classificarsi in due grandi categorie. La prima raggruppa tutte le ipotesi di recesso nei contratti di durata a tempo indeterminato. La seconda comprende le ipotesi di recesso nei contratti di durata a termine o non di durata o istantanei. [51 li]

R. ordinario

Il recesso ordinario o estintivo, chiamato anche determinativo, rappresenta una causa estintiva naturale e ordinaria dei rapporti di durata senza determinazione di tempo. Il recedente esercita un diritto suo proprio, consistente nel fissare il termine del rapporto. È determinativo, perché delimita il contenuto del contratto, essendo il tempo un elemento fondamentale e strutturale del rapporto di durata. Risponde all'esigenza di evitare la perpetuità dei vincoli obbligatori. Ipotesi di recesso ordinario sono previste dal codice civile nei contratti: di somministrazione (art. 1569 c.c.), di locazione (art. 1596 c.c.), di affitto (art. 1616 c.c.), di mandato (artt. 1725 e 1727c.c.), d'agenzia (art. 1750 c.c.), di deposito (art. 1771c.c.), di conto corrente (art. 1833 c.c.), di lavoro subordinato (art. 2118 c.c.) ecc.

R. straordinario

Il recesso straordinario o interruttivo riguarda rapporti di durata a termine e contratti istantanei. Esercitando il recesso, si anticipa la cessazione del rapporto o lo si elimina.

---

[51] GABRIELLI "Vincolo contrattuale" p. 13 e ss., SANGIORGI op. cit., MANCINI, op. cit., p. 206 ss.; ROMAGNOLI, Disdetta, in Enc. dir., XIII, Milano, 1964 p. 92; GABRIELLI - PADOVINI, op. cit., p. 29; DE NOVA, Recesso e risoluzione, cit., p. 10; FRANZONI, op. cit., p. 338.

C. Istantanei	Nei contratti non di durata o istantanei il <u>recesso straordinario</u> può essere esercitato, <u>finchè il contratto non abbia avuto un principio d'esecuzione </u>(art. 1373, 1°comma c.c.). Si tratta in ogni caso di una facoltà, eccezionalmente attribuita dalla legge.
Recesso per inadempimento	Si discute in dottrina, se di recesso possa parlarsi, nella possibilità di sciogliersi dal contratto nel caso d'inadempimento colposo o doloso della controparte (la questione sarà trattata nelle prossime pagine). [52][liii]
Vizi	Il recesso straordinario costituisce un <u>mezzo di impugnazione</u> del contratto o il diritto di <u>pentirsi del contratto (ius poenitendi)</u>. Nel primo senso risponde all'esigenza eccezionale di sciogliersi da un vincolo contrattuale, affetto da <u>vizi genetici e strutturali o da eventi sopravvenuti.</u>
Vizi. genetici	L'art.1893, 1° comma, del codice civile prevede una tipica ipotesi di <u>recesso straordinario,</u> dovuta a <u>vizi strutturali del contratto</u>. La facoltà dell'assicuratore di recedere nell'ipotesi di <u>dichiarazioni inesatte o di reticenze dell'assicurato non dolose o non gravemente colpose</u>. Se l'assicurato ha, invece, agito con dolo o colpa grave, l'assicuratore può chiedere d'annullare il contratto d'assicurazione ai sensi dell'art. 1892 c. c.. [53][liii]
Vizi sopravvenuti	Un caso di recesso straordinario per vizi sopravvenuti è previsto dall'art. 1464 c.c., quando una prestazione sia divenuta parzialmente impossibile, se l'altra parte non ha un interesse apprezzabile all'adempimento per il residuo, può recedere dal contratto sinallagmatico. Ipotesi di recesso per eventi sopravvenuti è anche quella della facoltà, attribuita ad entrambe le parti di un contratto

---

[52] Cass. Sentenza n. 1098 del 1962.
[53] FRANZONI, op. cit., p. 340, DONATI " Trattato delle assicurazioni private" p. 317, GAMBINO "Assicurazione" in Enc. giur. it., II, VOLPE PUTZOLU "L'assicurazione" in Trattato di diritto privato, diretto da P. Rescigno, XIII, p. 95

d'appalto, se le variazioni rispetto al progetto iniziale dell'opera sono di notevole entità (art. 1660 c.c.)

Un altro caso di recesso straordinario per vizi sopravvenuti è quello previsto a favore dell'assicuratore in caso di aggravamento del rischio, ai sensi dell'art. 1898 c.c.

Altri casi sono stabiliti in tema di mandato dal primo comma dell'art. 1723 e dal primo comma dell'art. 1725 del codice civile.

Fonti

Possiamo classificare il recesso anche attraverso la fonte da cui promana. Infatti, il diritto di recesso può derivare: dal contratto, dalla legge o da un principio generale dell'ordinamento giuridico.

Recesso convenzionale

Il recesso convenzionale è quello previsto da una clausola del contratto, quando le parti lo hanno espressamente convenuto. Solo a questo tipo di recesso sono applicabili in toto le regole stabilite dall'art. 1373 del cod. civ.. La clausola di recesso convenzionale può essere contenuta i tutti i tipi di contratto, non solo nei contratti istantanei, ma anche in quelli di durata o ad esecuzione continuata o periodica. [54 liv]

R. legale

Il recesso legale, cosi come stabilito dal primo comma dell'art. 1372 del codice civile, ove è disposto, che il contratto possa sciogliersi per le cause ammesse dalla legge, invece, trova la sua fonte in una norma specifica contenuta nella disciplina di un particolare tipo contrattuale. In modo specifico per quei contratti tipici, la cui esecuzione generalmente si protrae nel tempo, come, per esempio, la società, la locazione, il mandato, il mutuo, l'appalto, il deposito, il contratto di lavoro, il contratto d'opera, essendo connaturato alla natura tipica di quei negozi. In alcuni di questi contratti, ad esempio, nel mandato e nella locazione, si usano solo impropriamente i termini revoca o disdetta, in quanto si tratta in tutte le ipotesi di vero e proprio recesso. Il recesso deve considerarsi elemento naturale di questi contratti tipici, che sussiste quando le parti non lo abbiano espressamente escluso. A questo tipo di recesso le regole, stabilite

---

[54] Così: Cass. n. 2817 del 1976.

dall'art. 1373 c. c., si applicano solo se nella regolamentazione tipica di quel contratto, non sia contenuta una diversa disciplina.[55][lv]

P. generale di temporaneità

Il recesso può derivare anche da un <u>principio generale dell'ordinamento</u> per i <u>rapporti contratti a tempo indeterminato</u>.[56][lvi]

Come accade nella società quando questa è a tempo indeterminato o nella locazione senza determinazione di tempo. Dove il recesso è chiamato impropriamente disdetta di una delle parti (art.: 1596, 1597 cod. civ.). Da non confondersi con i <u>contratti a tempo legalmente determinato</u>, come, ad esempio, la locazione di immobili ad uso abitativo.

Il principio della <u>temporaneità del contratto</u> sorge per lo sfavore dell'ordinamento verso i vincoli obbligatori senza limiti di tempo o perpetui, capaci di comprimere quel fondamentale valore, costituito dalla <u>libertà individuale in generale e da quella contrattuale in particolare.</u> A questa figura di recesso è applicabile la regola del secondo comma dell'art. 1373, per cui non ha effetto per le prestazioni già eseguite o in corso d'esecuzione e quella del terzo comma, riguardante il corrispettivo del recesso.[57][lvii]

Cause di R.

Attraverso il criterio distintivo della causa, possiamo distinguere il <u>recesso acausale o puro e sempliceo ad nutum</u>, da quello fondato sulla <u>giusta causa.</u> Il primo tipo di recesso non richiede alcuna giustificazione, a differenza del secondo, che deve essere giustificato dal contraente che recede.

R. acausale

Il recesso puro e semplice o ad nutum è attribuito in alcune ipotesi <u>ad entrambi i contraenti</u>, come, per esempio, nella somministrazione (art. 1569 c.c.) e nel contratto di società di persone (art. 2285 c.c.). Talvolta il recesso ad nutum è riconosciuto <u>solo a una</u>

---

[55] V. cap. 16, p.83 e ss.
[56] V. cap.11 p. 57 e ss.. Secondo FRANZONI, op. cit., pp. 357-358, l'esercizio del diritto di recesso deve essere vincolato ad un termine, stabilito espressamente dalle parti o quanto meno determinabile, per evitare che l'efficacia del contratto, dipenda dall'arbitrio della parte titolare di tale diritto.
[57] GUGLIELMETTI, I contratti normativi, p. 194, MESSINEO, Dottr. gen., p. 526; CALLEGARI, Il recesso, cit., p. 15. Cass. n. 228 del 1956,

parte, ad esempio, solo al lavoratore nel contratto di lavoro, solo al committente nell'appalto. [58][lviii]

R. causale   Il recesso per giusta causa è previsto in varie ipotesi a favore di ciascuna parte contrattuale o di un solo contraente. Per esempio, dall'art. 2285 cod. civ a favore di tutti i soci, che possono recedere dalla società quando sussiste una giusta causa o per entrambe le parti contraenti, in caso di sopravvenuta impossibilità parziale della prestazione (art. 1464 cod. civ.). Il datore di lavoro può recedere dal contratto di lavoro solo per giusta causa (o per giustificato motivo). La banca può recedere dall'apertura di credito solo per giusta causa (art. 1845 c.c.). [59][lix]

---

[58] Del recesso ad nutum si è già detto in precedenza: v. ante cap.3, p 21 e ss..
[59] V. cap.15, p. 77 e ss..

7. Effetti Naturali e Derogabilità

Normativa

Il quarto comma dell'articolo 1373 del codice civile enuncia la regola della <u>piena derogabilità del recesso convenzionale</u>, affermando che <u>"è salvo in ogni caso un patto contrario"</u>. Le parti avrebbero così ampia possibilità di autoregolare i loro interessi e assoluta libertà nello stabilire regole diverse. [60][lx]

Effetti naturali

Pertanto, le norme contenute nei primi tre capoversi dell'articolo prevedono semplici <u>effetti naturali del recesso convenzionale</u>.

Gli <u>effetti</u> <u>naturali</u> sono quelli, che un contratto produce in virtù della sua struttura e costruzione legislativa, quando le parti non hanno disposto diversamente o nulla hanno pattuito sul punto al riguardo. Le disposizioni dell'art.1373 c.c. devono ritenersi, dunque, <u>dispositive o suppletive</u>. Nel secondo caso, infatti, le norme (suppletive) suppliscono all'inerzia dei contraenti; nel primo (dispositive) si applicano soltanto in mancanza di diversa specifica regolamentazione, compiuta dai contraenti.

L'effetto naturale per i <u>contratti istantanei</u> o non di durata, alla quale categoria di contratti si riferisce la disposizione del primo comma dell'articolo 1373 del codice civile, <u>impedisce il recesso, se il contratto ha avuto un principio d'esecuzione</u>. Costituendo così un limite all'esercizio del recesso in questi contratti. Il recesso può esercitarsi, solo e fino a quando <u>l'esecuzione delle prestazioni non sia iniziata oppure sia stata differita</u> per l'apposizione di un <u>termine</u> iniziale o di una <u>condizione,</u> che siano ancora pendenti. [61][lxi]

Per i <u>contratti di durata</u> o a esecuzione periodica o continuata, il secondo comma del 1373 c.c. dispone che il <u>recesso si possa esercitare quando l'esecuzione sia ancora incorso, ma non possa aver ef-</u>

---

[60] DE NOVA op cit. p. 548, BIANCA "Il contratto" p. 702, BARBERO "Sistema istituzionale" p. 481, GABRIELLI op. cit. p. 91, ritiene che, l'ultimo comma dell'art. 1373 c.c. si riferisca a tutti i comma precedenti; contra: D'AVANZO, voce « Recesso (diritto civile) », nel Noviss. Dig. it., XIV p. 1038, secondo cui la derogabilità riguarda solo il terzo comma.

[61] TAROLO "Lo scioglimento del contratto preliminare". Secondo, Cass. n. 3071 del 1973, non può essere considerato come recesso unilaterale quel diritto, che le parti espressamente stabiliscono, sia esercitabile soltanto a contratto eseguito.

fetto per le prestazioni già eseguite (effetto naturale dei contratti di durata).

In tutte e due le ipotesi si stabilisce in uno il principio, che ne connota in modo essenziale il carattere, per cui il recesso non può avere un efficacia retroattiva, non potendo operare sulle prestazioni già eseguite. Infatti, nei contratti istantanei se la prestazione è eseguita, il recesso non può più esercitarsi. Nei contratti di durata non può eliminare le prestazioni già effettuate.

Il terzo comma dell'articolo in questione prevede che il recesso possa avere effetto solo dal momento del pagamento dell'eventuale corrispettivo, pattuito per il suo esercizio.

Deroghe

Secondo la prevalente dottrina le parti potrebbero derogare in toto alle norme dell'art. 1373 c.c. [62][lxii]

Infatti, se da un lato si afferma che in tema di recesso convenzionale conta e prevale la volontà delle parti sulle disposizioni di legge, che sono modificabili, in quanto hanno carattere dispositivo. [63][lxiii]

Per altro verso si ribadisce, che le speciali norme dettate per il recesso legale, previsto dalla legge per le singole ipotesi di recesso nella disciplina di alcuni contratti tipici, non siano applicabili sic et simpliciter al recesso convenzionale. Ma, solo se nella disciplina di tali contratti non sia disposto diversamente. [64][lxiv]

La maggior parte degli autori ritiene, che tutte le regole contenute nell'articolo in parola potrebbero essere modificate dalle parti nel regolamento contrattuale. Tratteggiando così nel modo più vario possibile, quello che si definisce recesso convenzionale.

Per esempio, si potrebbe estendere anche a un contratto di durata il divieto, previsto dal primo comma dell'articolo 1373 per i contratti istantanei. Per cui il recesso non si potrebbe esercitare, quando l'esecuzione delle prestazioni continuate o periodiche sia iniziata.

---

[62] DI MAJO "Recesso unilaterale e principio di esecuzione" in Riv. dir. Comm. p. 116, BIANCA op cit. p. 742, CARNELUTTI "Teoria generale del diritto" p.343.
[63] Cass. Sentenza n. 1740 del 1949.
[64] Cass. Sentenza n. 2417 del 1971.

Al contrario si potrebbe eliminare la proibizione, stabilita per i contratti istantanei. Prevedendo, ad esempio, l'esercizio del recesso per un contratto non di durata o istantaneo, anche quando l'esecuzione sia già iniziata. Oppure che in un contratto ad esecuzione continuata o periodica, il recesso abbia effetto anche per le prestazioni già eseguite o in corso di esecuzione. Il recesso così acquisterebbe efficacia retroattiva.

A questo punto sarebbe lecito affermare, così come una parte della dottrina, che potrebbe essere configurata come recesso qualsiasi figura giuridica, che consiste in una dichiarazione unilaterale di volontà diretta a paralizzare gli effetti del contratto con efficacia ex nunc o ex tunc, indipendentemente dal fatto che si siano già realizzati. [65][lxv]

In tal modo il recesso, nel suo concetto più ampio, potrebbe essere ricompreso in quella categoria di atti, che pongono termine a tutto ciò, che abbia un rilievo giuridico. [66][lxvi]

Clausola in deroga

Le parti potrebbero prevedere con una clausola in deroga, che le prestazioni eseguite del travolto contratto, sciolto per effetto della manifestazione unilaterale di volontà, siano riversate di nuovo nel patrimonio della parte, che le ha effettuate. Per cui si attribuirebbe, per esempio, ad una delle parti il potere di riavere il corrispettivo pattuito, cedendo all'altra parte la titolarità del diritto acquistato o viceversa riacquistare la titolarità del diritto ceduto, restituendo il corrispettivo ricevuto.

Retroattività reale

In giurisprudenza e in dottrina non si discute circa la liceità delle possibili ampie deroghe alle linee normative disegnate dall'art. 1373 del cod. civ.. [67][lxvii]

---

[65] DE NOVA op. cit. P. 548, ROSELLI op. cit..
[66] ROMANO, La revoca degli atti giuridici privati, Padova, 1935, p. 34. CORRADO, Recesso, revoca, disdetta (chiarimenti sistematici), in Dir. economia, 1956, p. 577, ritiene che, il codice del 1942 abbia accolto una nozione assai ampia di recesso, che comprende negozi estintivi e risolutivi. Per GABRIELLI, cit. p. 96, questa estesa accezione del recesso sarebbe espressione non di un principio generale, ma di una regola eccezionale.
[67] Cass. civ. Sez. lavoro Sentenza n. 1513 del 1999; Cass. Civ. Sez. II Sentenze n.:12860 del 1993, Cass. n.16591 del 2012.

Effetti naturali e Derogabilità

Ma sul fatto che queste, al di là di certi limiti, <u>possano riassumersi nella figura del recesso</u>.

Un punto fermo della giurisprudenza costante e conforme resta quello di escludere l'<u>efficacia retroattiva reale del recesso</u>. Per cui un carattere distintivo ineliminabile della figura di recesso è la sua operatività <u>ex nunc.</u> [68] [lxviii]

Concordemente anche la dottrina ritiene di escludere che il recesso possa avere efficacia <u>retroattiva reale,</u> tale da pregiudicare anche i diritti dei terzi. La retroattività reale può essere stabilita <u>solo dalla legge</u> e non invece dalle parti, a cui non è consentito di operare in danno dei terzi. [69] [lxix]

Infatti, gli effetti reali sono regolati esclusivamente dalla legge, per salvaguardare i terzi dal pregiudizio dell'efficacia retroattiva reale dell'estinzione del contratto. [70] [lxx]

Si argomenta sul punto, richiamando il secondo comma dell'art. 1322 del codice civile e sulla <u>indisponibilità da parte dei privati della materia della circolazione dei beni.</u> Per cui il recesso non potrebbe essere <u>opponibile ai terzi.</u>

Secondo alcuni autori l'esercizio del diritto di recesso da un <u>contratto eseguito già da un certo tempo</u>, in relazione alla natura e oggetto del particolare negozio, dovrebbe ritenersi <u>inefficace,</u> in quanto <u>contrario ai principi di buona fede e correttezza contrattuale.</u>

Negozi ad effetti reali

In particolare, l'applicazione del richiamato principio di cui al primo comma dell'art. 1373 c.c., rende impossibile il recesso <u>nei contratti istantanei</u> <u>ad efficacia reale</u>. Infatti, gli <u>effetti traslativi della proprietà e dei diritti reali su cosa altrui o costitutivi</u> di diritti reali su cosa altrui si producono al <u>momento della conclusione del contratto</u> per effetto del consenso delle parti, così come stabilito dall'art. 1376 del codice civile. Per cui il recesso, in forza della regola enunciata dal primo comma dell'art. 1373 del cod. civ, non

---

[68] Cass. Sentenza n. 3071 del 1973.
[69] Gabrielli op. cit. p. 93.
[70] Di contrario avviso è il LUMINOSO, cit., p. 112., per cui tale principio non ha riscontro nel nostro diritto positivo, posto che, l'efficacia reale della retroattività del recesso non può, comunque, travolgere i diritti dei terzi, sorti in base ad atti opponibili alle parti.

Effetti naturali e Derogabilità

potrebbe più essere esercitato, avendo avuto il contratto un principio d'esecuzione, relativamente agli effetti reali, già al tempo della sua conclusione. [71] [lxxi]

Nei contratti ad effetti reali può aversi una fase esecutiva, solo se il contratto sia sottoposto a condizione o a termine. Per cui ad eccezione di tali ultime ipotesi, in cui gli effetti reali non si producono al momento della conclusione, ma solo in un tempo successivo, al sorgere dell'evento condizionante o alla scadenza del termine, l'applicabilità del recesso dovrebbe essere limitata ai soli negozi ad effetti obbligatori.

Effetto traslativo

Peraltro, la clausola in deroga al principio d'esecuzione nei contratti istantanei ad effetti reali è perfettamente <u>lecita</u>, ma da essa conseguirà in ogni caso esclusivamente <u>un effetto traslativo, in conseguenza della restituzione dei beni e non un effetto estintivo di un rapporto giuridico.</u> Pertanto, il potere attribuito ad una delle parti da una tale clausola, non potrebbe essere considerato come potere di recesso unilaterale, essendo <u>l'effetto tipico,</u> che il recesso realizza, solo di tipo <u>estintivo</u>. Infatti, gli effetti <u>modificativi o integrativi</u> o anche ripristinatori, che il recesso, talvolta, produce, <u>sono solo una conseguenza dell'effetto estintivo</u> del rapporto. [72] [lxxii]

Retroattività obbligatoria

Si discute circa la possibilità di attribuire al recesso un <u>efficacia retroattiva solo obbligatoria inter partes,</u> cioè limitata alle parti del contratto.

La giurisprudenza concorde esclude anche una retroattività di tipo obbligatorio, per cui il recesso <u>non può operare, eliminando i diritti già sorti e la conseguente liberazione dagli obblighi corrispondenti. Il recesso, inoltre, preclude ogni adempimento tardivo.</u> [73] [lxxiii]

---

[71] LAVAGGI 1950, "Osservazioni sul recesso unilaterale del contratto", p.1053.
[72] LUMINOSO, Il mutuo dissenso, Milano, 1980, p. 56. MANCINI, Il recesso unilaterale, cit., p. 6, ritiene che, in riferimento ad atti ablativi degli effetti contrattuali già realizzati, il termine recesso sia utilizzato impropriamente.
[73] Cassaz. Sentenze n.: 424 del 1963, 2607 del 1951.

In dottrina prevale l'opinione di chi esclude che, anche in tale ipotesi, possa trattarsi di recesso. Pertanto, l'istituto del recesso retroattivo non sarebbe applicabile neppure ai contratti ad effetti obbligatori. [74 lxxiv]

In conclusione si può affermare, che il recesso non possa mai avere efficacia retroattiva ex tunc, ma operi solo ex nunc. [75 lxxv]

Retrovendita o opzione

La clausola derogativa, proprio in relazione all'effetto di retroattività che ne potrebbe conseguire, pare possa configurare un ipotesi di patto d'opzione di vendita o di compera a parti invertite o opzione di contrario consenso o un patto de retroemendo o di retrovendita. Nell'ipotesi di patto di retrovendita o ricompera occorrerà compiere una nuova contraria manifestazione di volontà, che non è necessaria nel caso di patto d'opzione. [76 lxxvi]

Patto di conversione

Quando, invece, sia riservata ad una sola delle parti, la facoltà di non eseguire o ripetere la controprestazione, allora la clausola più che un recesso dovrebbe essere considerata come un semplice patto di conversione ad opera di uno dei contraenti di un negozio oneroso in uno a titolo gratuito.

Condizione risolutiva

Peraltro, una clausola che preveda l'efficacia retroattiva di una dichiarazione unilaterale di una o entrambe le parti, rivolta allo scioglimento del contratto, potrebbe, altrimenti, essere considerata una condizione risolutiva, opponibile ai terzi nei limiti previsti dalla legge. [77 lxxvii]

Infatti, il divieto dell'art. 1355 c.c. si riferisce soltanto alla condizione sospensiva. D'altronde, nella maggior parte dei casi la condizione non sarebbe meramente potestativa, rimessa cioè alla

---

[74] Sull'argomento vedi: DE NOVA, Il recesso, in Trattato di diritto privato, diretto da P. Rescigno, X, Torino, 1995, p. 641; FRANZONI, op. cit., p. 312. Per CIMMINO, op. cit., p. 73. gli obblighi accessori, come quelli previsti dall'art. 1476 c.c. non possono confondersi con gli effetti reali.

[75] Secondo DE NOVA, Recesso, Torino, 1998, p. 315, il recesso è di regola irretroattivo, ma è sempre possibile il patto contrario di cui al c. 4° del l'art. 1373.

[76] GABRIELLI 1985, p. 89

[77] CARIOTA FERRARA "Il Negozio Giuridico nel Diritto Privato Italiano" p. 15, DI MAJO "Recesso unilaterale e principio di esecuzione" in Riv. dir. comm. p. 119 e ss., GABRIELLI "Recesso e risoluzione per inadempimento" in Riv. trim. dir. e proc. civ. p. 741, PELOSI "La proprietà risolubile nella teoria del negozio condizionato" p. 141 nota 96. . LUMINOSO, op. cit., p. 112 e ss.

Effetti naturali e Derogabilità

mera volontà, arbitrium boni viri, delle parti, poiché <u>subordinata di solito al pagamento del corrispettivo</u> prestabilito. [78 lxxviii]

Riscatto Secondo un diverso indirizzo dottrinario si tratterebbe di un <u>patto di riscatto,</u> confermato anche dall'istituto della vendita con patto di riscatto, per cui il diritto di riscatto attribuito all'alienante, può essere indicato come un <u>tradizionale esempio di potere negoziale di recesso.</u> [79 lxxix]

In un ultima analisi, piuttosto che di recesso retroattivo, potrebbe più correttamente parlarsi di riscatto convenzionale, previsto dagli articoli 1500 e seguenti del codice civile. [80 lxxx]

Singole ipotesi
di Recesso Pertanto, esclusa ogni forma di retroattività, si ritiene che non possa essere configurata come recesso la facoltà esercitabile, per espressa previsione delle parti nei contratti istantanei, quando le prestazioni sono state eseguite.

<u>Non è recesso,</u> neppure la possibilità di travolgere le <u>prestazioni già eseguite dei contratti di durata.</u>

Invece, si ritiene che, costituisca un vero e proprio recesso, la facoltà di sciogliersi da un contratto istantaneo, quando si sono prodotti soltanto <u>effetti prodromici</u> (la consegna, per esempio, di una somma di denaro a titolo d'acconto del prezzo o una caparra). Ma le prestazioni principali non siano ancora state eseguite.

È recesso anche, la possibilità di sciogliere unilateralmente un <u>contratto di durata,</u> solo <u>prima che si iniziata l'esecuzione delle prestazioni continuate o periodiche.</u>

---

[78] V. Cass. n. 9840 del 1999, di particolare significato, a tal proposito è la sentenza n. 1740 del 1949 della Cassazione, in Giur. Cass. civ. 1949, III 245, con nota del RUBINO, e in FI. 1950, I, 1052, con nota del LAVAGGI, dove il problema dell'irretroattività del recesso è superato con il ricorso alla condizione risolutiva potestativa, che le parti possono apporre al contratto, destinata ad operare anche dopo che il contratto abbia avuto un principio d'esecuzione. CIMMINO, op. cit., p. 77 ritiene che per le restituzioni, considerata l'assimilazione fra recesso e condizione risolutiva, possa applicarsi l'art. 1360, c. 1°, c. c..

[79] La dottrina è tutt'altro che concorde. In particolare, ROMANO, La revoca degli atti giuridici privati, cit., 30, evidenzia come il riscatto abbia fondamento ed origine nello stesso contratto di vendita, mentre il recesso, talvolta, può essere determinato da ragioni estranee all'atto revocato. V. anche CARPINO, L'acquisto coattivo dei diritti reali, Napoli, 1977. RUBINO, op cit. il quale obietta che il diritto di riscatto deve essere contenuto entro rigorosi limiti di tempo (5 anni per gli immobili e 2 anni per mobili) e la restituzione del corrispettivo non può avvenire in misura superiore a quella originaria.

[80] BIANCA cit., p. 59.

8. Forma

Forma libera

Non esiste in dottrina e giurisprudenza identità di vedute circa la forma del recesso. Secondo una tesi più rigorosa il recesso deve rivestire la forma espressa di una dichiarazione, non essendo sufficiente un comportamento concludente. [81 lxxxi]

In mancanza di dati normativi certi e univoci la tesi opposta della libertà delle forme, sostenuta prevalentemente in dottrina, appare preferibile, in quanto si fonda sulla mancanza di espresse prescrizioni di legge e sulla base del principio generale in materia di forma del negozio giuridico, desumibile a contrario dall'art. 1350 del codice civile.

Numerose sono le disposizioni di legge, da cui si trae conferma dell'assunto. Ad esempio, l'art. 1724 c.c. prevede la revoca tacita del mandato. Il recesso nelle società di persone è stabilito, che possa farsi anche oralmente in presenza di una giusta causa. Il riscatto dalla rendita perpetua può effettuarsi con un comportamento: il semplice pagamento del dovuto.

Anche alcuni sostenitori della tesi più rigorosa ammettono, che il comportamento concludente non sufficiente a manifestare la volontà di recesso è soltanto quello dal quale appaia solo la volontà di non adempiere, come tale indistinguibile dal mero inadempimento, non sufficiente a integrare una volontà di recedere dal contratto.

Così implicitamente affermando, che la forma del recesso possa risultare anche da qualsiasi altro comportamento, che manifesti in modo univoco la volontà di sciogliere il rapporto contrattuale. [82 lxxxii]

Per cui la volontà di recedere può rivestire qualsiasi forma: scritta, orale, comportamentale o tacita e risultare anche da un atto pubblico.

---

[81] Cass. Sentenze n.: 267 del 1976, 5340 del 1980, 873 del 1979; 2741 del 1983, 5059 del 1986. MIRABELLI "Dei contratti in generale" il quale però specifica, che non è sufficiente solo quel comportamento da cui risulti la volontà di non adempiere al contratto.
[82] Cass. Sentenza n. 2873 del 1979, MIRABELLI "Dei contratti in generale.

Forma
convenzionale Da alcuni si è affermato, che il recesso debba rivestire quella particolare forma stabilita dai contraenti con una esplicita convenzione. [83] lxxxiii

Questa tesi non è condivisibile, poiché, come bene argomentato da alcuni autori, non esiste alcuna equazione tra la forma dell'accordo e quella del recesso. [84] lxxxiv

Anzi scorrendo i dati normativi, si ricava sul punto specifico l'opposto principio di una evidente disequazione. Mentre per l'atto costitutivo di una società di capitali la legge richiede l'atto pubblico, per il recesso basta una semplice lettera raccomandata (art. 2437 bis c.c.). Le stesse differenti forme sono previste in materia di locazioni d'immobili urbani per la forma del contratto e quella per il recesso.

Forma ad
relationem Secondo un altro orientamento dottrinario e giurisprudenziale la forma del recesso si deve rapportare a quella dell'atto cui si riferisce, costitutivo del rapporto che il recesso è destinato a sciogliere. Per cui di riflesso opera sul recesso la prescrizione di forma, prevista dalla legge per il contratto di riferimento. Pertanto, nei contratti che trasferiscono la proprietà di beni immobili o mobili registrati o costituiscono diritti reali sugli stessi beni e anche per i contratti preliminari relativi, il recesso deve risultare da una dichiarazione scritta. Così come per tutti quei contratti per i quali la legge richieda una particolare forma. [85] lxxxv

Preliminare In particolare, si è affermato che il recesso da un preliminare di un negozio formale non può risultare da un semplice comportamento omissivo di una parte, all'invito dell'altra a stipulare il definitivo. Peraltro, il recesso è ammesso anche nei contratti definitivi. [86] lxxxvi

---

[83] GABRIELLI op. cit. p. 130.
[84] GABRIELLI-PADOVINI op. cit. p.44.
[85] BIANCA op. cit. p. 737, D' AVANZO op. cit. p. 1036, SANGIORGI op. cit. p. 7, Cass. Sentenze n.: 267 del 1976 e 1609 del 1994, Cass. II Sez. Civ. Sentenza n. 5454 del 1990.
[86] Cass. n. 2607 del 1951.

Forma del Recesso

Procura

Inoltre, è ribadito, che la procura per il recesso, deve essere specifica. La procura generale o speciale devono contenere l'espressa menzione del potere di recesso in capo al rappresentante [87] [lxxxvii]

Anche questa teoria non può essere accolta, infatti, manca per il recesso, così come invece per la procura e il preliminare, una norma che in modo specifico stabilisca la forma ad relationem.

Forma equivalente

Si afferma, inoltre, anche da una parte della giurisprudenza, che la forma prescritta dalla legge possa essere sostituita con altra equivalente, che manifesti in modo inequivoco la volontà di recedere. [88] [lxxxviii]

Per il principio dell'equivalenza delle forme comunicative aventi eguale certezza, l'inosservanza della forma della comunicazione non deve ritenersi essenziale, se è certo che la parte abbia comunque ricevuto dal recedente la comunicazione dell'atto di recesso. Le stesse considerazioni possono valere per quel che riguarda la forma del recesso stabilita dalle parti, con una convenzione di una certa forma, che può essere anche tacita. [89] [lxxxix]

Conclusione

In conclusione si può affermare, che la dichiarazione di recesso, che costituisce un negozio giuridico unilaterale recettizio, può rivestire qualsiasi forma. Né occorre per esso la stessa forma richiesta per il negozio revocato, né quella forma prevista convenzionalmente dalle parti, se la comunicazione della dichiarazione abbia comunque raggiunto il destinatario.

---

[87] Cass. Sentenze n.: 267 del 1976 e 1609 del 1994.
[88] Cass. Sentenze n.: 9666 del 1997, 11899 del 1998, 12496 del 2000, Contra: Cass. Sentenza n. 5340 del 1980.
[89] Cass. Sentenza n. 7354 del 1997.

9. Termini e Condizioni

Si discute circa la possibilità, di apporre termini e condizioni al negozio giuridico di recesso. La maggior parte delle perplessità riguardano la condizione più che il termine.

Termine iniziale

Concordemente dottrina e giurisprudenza ritengono possibile l'apposizione di un termine iniziale al negozio di recesso nei contratti di durata. [90][xc]

Contratti di durata

Per il principio generale dell'irrevocabilità dell'impegno negoziale (art. 1373 c.c.), di cui il recesso costituisce un eccezione, almeno solo in apparenza, secondo la conforme giurisprudenza è necessario, che le parti sottopongano il diritto di recesso ad un termine iniziale.

Questa esigenza è maggiormente sentita nei contratti di durata, per evitare che l'efficacia del contratto resti subordinata al libero arbitrio della parte titolare del diritto di recesso. [91][xci]

Termine per l'esercizio

Il termine iniziale può esser apposto non solo all'atto di recesso, ma anche all'atto d'esercizio del recesso. In questo caso se il primo termine superasse il secondo, questo dovrebbe essere corrispondentemente ridotto, altrimenti renderebbe inefficace il recesso. [92][xcii]

Contratti istantanei

Anche ai contratti ad esecuzione istantanea o non di durata è possibile apporre un termine iniziale. Se la controparte iniziasse l'esecuzione prima del termine, paralizzerebbe il potere di recesso. Infatti, il termine non può incidere sulla limitazione prevista dal 1° comma dell'art. 1373, salvo che le parti non abbiano compiuto una espressa deroga sul punto nel regolamento contrattuale. [93][xciii]

---

[90] GABRIELLI op. cit. p.106, Cass. Sentenze n.: 2873 e 7599 del 1979.
[91] GALGANO "Il negozio giuridico". Secondo Cass., 22-12-1983, n. 7579, al diritto di recesso deve essere sottoposto un termine, ad evitare che il contratto rimanga subordinato indefinitamente all'arbitrio della parte titolare del diritto di recesso.
[92] GABRIELLI op. cit. p. 128.
[93] Cass. Sentenza n. 6507 del 1979.

Occorre a questo punto compiere alcune precisazioni in ordine a quella categoria di contratti, che in dottrina sogliono essere denominati come contratti istantanei o non di durata o <u>ad esecuzione istantanea.</u> Contrapposti ai contratti di durata, chiamati anche contratti ad esecuzione continuata o periodica. Istantaneo è quel contratto, in cui la <u>durata dell'attività esecutiva non ha rilievo giuridico</u>. È indifferente, che si compia <u>in un solo istante, si prolunghi nel tempo o sia differita</u>. Quello che conta è che <u>consista in un solo atto d'adempimento.</u> (ad esempio, la consegna di un bene o il pagamento di una somma di denaro). Quando <u>l'unico atto d'adempimento si prolunghi nel tempo o sia differito</u>, come nell'ipotesi dell'esecuzione di un opera o del pagamento del prezzo in modo frazionato (a rate), si parla di <u>contratti ad esecuzione prolungata o differita</u>. Anche questa tipologia di contratti rientra nella categoria dei contratti istantanei.

Termine finale

Non mancano dissensi in dottrina sulla possibilità di apporre un termine finale al recesso. Si è obiettato, che <u>il termine finale può dar luogo ad un recesso parziale, non previamente concordato.</u> Si è ritenuto ammissibile, qualora sia stato inteso dalle parti come <u>deroga al limite temporale del principio d'esecuzione</u>, quando il termine finale abbia il <u>valore di termine iniziale dell'esecuzione del contratto.</u> [94 xciv]

In giurisprudenza, invece, si afferma che anche il termine finale di recesso, <u>non possa escludere la facoltà di controparte di dare inizio all'esecuzione del contratto</u>, impedendo così l'esercizio del recesso, ai sensi del primo comma dell'art.1373 c.c.,. [95 xcv]

Condizione

Si discute, se al negozio di recesso possa essere apposta una condizione. [96 xcvi]

Condizione sospensiva

La giurisprudenza ritiene, che il potere di recesso, attribuito attraverso una apposita convenzione a una sola o entrambe le parti,

---

[94] GABRIELLI op. cit. p.100.
[95] Cass. Sentenza n. 6507 del 1979. Così anche BIANCA "Diritto Civile" vol. 3 p.701-702.
[96] In senso favorevole DE NOVA op. cit. p. 549, contra D'AVANZO op. cit. p. 1035.

possa essere sottoposto a condizione sospensiva. In tal caso il contratto resta efficace, mentre solo la facoltà di sciogliere il rapporto contrattuale, è <u>subordinata ad un evento futuro e incerto.</u> [97 xcvii]

In dottrina si ammette, però, che l'efficacia del negozio di recesso possa essere subordinata solo a una <u>condicio iuris</u> sospensiva. Tale può essere intesa la <u>giusta causa</u> o altro evento giustificativo del recesso. [98 xcviii]

Per altro verso è stato affermato che la <u>condizione sospensiva</u> sia <u>inapponibile all'atto di recesso</u>, poiché <u>violerebbe le limitazioni al diritto di recesso</u> di cui al <u>primo e secondo comma dell'art. 1373 del codice civile</u>. Infatti, la controparte approfittando della sospensione del potere di recesso, inizierebbe l'esecuzione del contratto ad esecuzione istantanea o continuerebbe a compiere le prestazioni nel contratto di durata. Il verificarsi dell'evento condizionante, per <u>l'efficacia retroattiva della condizione, annullerebbe il limite del principio d'esecuzione nel contratto non di durata</u>, rendendo possibile lo scioglimento del rapporto e violando così il precetto del primo comma dell'art.1373 c.c. . Nei contatti di durata, retroagendo al momento del contratto, il recesso <u>travolgerebbe anche le prestazioni continuate o periodiche già eseguite</u>, che il secondo comma dell'articolo citato rende immuni dal recesso. [99 xcix]

A tale tesi si può agevolmente controbattere, che sia il primo che il secondo comma dell'articolo 1373 del codice <u>civile sono derogabili per comune volontà delle parti.</u>

Condizione risolutiva

Concordemente dottrina e giurisprudenza <u>non ritengono apponibile al negozio di recesso una condizione risolutiva.</u> Con il recesso il rapporto contrattuale si è definitivamente sciolto, per cui non è possibile una sua riviviscenza per effetto della revoca di un negozio, che ha già completamente realizzato il suo effetto estintivo. Il contratto può essere risuscitato solo con un successivo nuovo contratto.

---

[97] Cass. Sentenze n.: 28, 2873 e 6507 del 1979.
[98] D'AVANZO op. cit., Cass. Sentenza n. 75 del 1988.
99 GABRIELLI, op. cit. p. 126

La condizione risolutiva, retroagendo al momento dell'accordo, produrrebbe l'effetto di far rivivere il contratto, revocando il recesso. Il recesso è irrevocabile. [100 c]

---

[100] GABRIELLI- PADOVINI op. cit., p. 44, FRANZONI op. cit. p. 314. Cass. Sentenza n. 11179 del 1990, Cass. Sentenza n. 10252 del 1995. Secondo la Sentenza della Cass. n. 13523 del 2001 le dimissioni del lavoratore non possono essere subordinate a una condizione risolutiva, che creerebbe incertezza nel rapporto di lavoro nel periodo della pendenza.

10. Principio d'Esecuzione

Normativa

Il primo comma dell'art. 1373 del codice civile stabilisce, che nei contratti a <u>esecuzione istantanea</u> il recesso possa esercitarsi, <u>solo prima che cominci l'esecuzione del contratto.</u> La norma si applica ai <u>contratti istantanei</u> e a quelli <u>ad esecuzione differita e prolungata,</u> quando rispettivamente l'esecuzione dell'unico atto d'adempimento sia stato differito ad un determinato momento (come nell'ipotesi in cui sia stato concordato il pagamento del prezzo a rate) o si prolunghi nel tempo (come nel caso in cui l'attività esecutiva riguardi l'esecuzione di un opera) [101]

Infatti, anche i <u>contratti ad esecuzione prolungata o differita</u> rientrano nella categoria dei contratti ad esecuzione istantanea. Per cui basterebbe l'inizio dell'attività esecutiva a precludere il recesso. [102]

Pertanto, salvo patto contrario, la facoltà di recesso può essere esercitata, <u>soltanto fino a quando non sia stata data esecuzione al contratto.</u> Se una delle due parti ha già compiuto o <u>iniziato ad eseguire la sua prestazione (</u>ad esempio, il compratore a rate ha già pagato interamente il prezzo o anche una sola rata del prezzo o si è già iniziata l'esecuzione dell'opera), l'altra parte non può più esercitare il potere di recedere dal contratto, <u>offrendo di restituire quanto ha ricevuto</u>, né può recedere la parte, che abbia compiuto la prestazione, <u>pretendendo la restituzione di ciò che ha dato.</u> Indipendentemente dal fatto che il diritto di recesso sia stato concordato a favore di una, dell'altra o di entrambe le parti contrattuali o sia stato attribuito dalla legge, solo <u>l'assenza di un principio di esecuzione</u> può consentire di esercitare la facoltà di sciogliersi unilateralmente dal vincolo contrattuale.

---

[101] La categoria dei contratti ad esecuzione istantanea comprende anche i contratti ad esecuzione differita o prolungata nel tempo- vedi ante pag. 48.
[102] D'AVANZO op. cit. p. 1031, GALGANO op. cit., Cass. Sentenze n.: 2615 del 1982, 5644 del 1982, 2625 del 1984.

Natura	Il principio d'esecuzione rappresenta un <u>fatto, che integra l'accordo contrattuale</u>, attribuendo all'impegno negoziale il carattere <u>dell'irrevocabilità e definitività.</u> [103] [ciii]

In giurisprudenza il principio di esecuzione del contratto è considerato un <u>fatto abdicativo del diritto di recesso.</u> [104] [civ]

Fondamento	Il recesso rappresenta una <u>deroga al principio generale dell'irrevocabilità del negozio giuridico</u>. Il quale <u>principio non è inderogabile,</u> ma disponibile dalle parti, che potrebbero convenire di riservarsi o riservare anche a una sola di esse, la facoltà di recedere dal contratto (recesso convenzionale). Peraltro, il recesso in molte ipotesi è anche previsto dalla legge. (recesso legale).

Il principio d'esecuzione costituisce così un <u>limite naturale alla possibilità di sciogliere il rapporto contrattuale,</u> che impedisce il proposito di annullare il consenso precedentemente manifestato al momento della conclusione del contratto. Tale facoltà si può esercitare solo prima che gli effetti si siano realizzati con l'inizio dell'attività esecutiva. La ragione del limite espresso dal primo comma dell'articolo 1373 del codice civile è quella <u>di attenuare il più possibile i pregiudizi economici</u> per la parte non recedente. Il <u>consolidarsi degli effetti contrattuali</u> potrebbe determinare complicazioni nella vicenda contrattuale, conseguenti all'esercizio del diritto di recesso <u>dopo l'inizio della fase esecutiva</u> per <u>il ripristino della situazione quo ante e le restituzioni dei beni scambiati.</u>

Termine finale	Qualora le parti abbiano fissato un <u>termine finale per l'esercizio del recesso, l'iniziata esecuzione</u> anche di un sola prestazione preclude in modo definitivo la possibilità di sciogliere il vincolo contrattuale. Così la facoltà di recesso si estingue prima della scadenza del termine per effetto di un <u>fatto ab-

---

[103] SANGIORGI op. cit. p. 9.
[104] Cass. Sentenza n. 6507 del 1979.

dicativo, quale è il principio d'esecuzione, previsto dal primo comma dell'art. 1373 del codice civile. [105] cv

Applicabilità   Secondo la giurisprudenza il limite espresso dall'art. 1373, primo comma del codice civile, riguarda esclusivamente il recesso convenzionale e non è applicabile al recesso legale.

Contratti di durata   La norma in parola vale solo per i contratti ad esecuzione istantanea, non è applicabile ai contratti di durata, ai quali si applica il secondo comma del citato articolo del codice civile. Il quale stabilisce, che il recesso nei contratti ad esecuzione continuata o periodica può essere esercitato nella fase esecutiva, ma non può pregiudicare le prestazioni già eseguite o in corso d'esecuzione.

Acconti   Il principio di esecuzione di cui parla il 1° comma dell'art. 1373 c. c., deve essere successivo alla conclusione del contratto. Pertanto, l'esecuzione parziale di obblighi, che avviene contestualmente alla stipula del contratto, non preclude l'esercizio del recesso. Altrimenti la clausola di recesso non avrebbe alcun senso, in quanto non si potrebbe contemporaneamente pattuire la facoltà di recedere ed escluderla, prevedendo obblighi da eseguire contestualmente. Per tale ragione gli adempimenti effettuati al momento del perfezionamento del contratto, quali il versamento di acconti e caparre, non costituiscono di solito principio d'esecuzione, che esclude il recesso. Ma si è precisato, che tale esclusione opera solo quando la contestualità sia espressamente prevista nel regolamento contrattuale o risulti dalla natura del contratto. Possono acquisire rilievo decisivo a tal proposito, anche la natura e le caratteristiche della prestazione da eseguire e l'interpretazione del comportamento dei contraenti alla stregua

---

[105] Cass. Sentenza n. 6507 del 1979.

dei principi di buona fede e correttezza contrattuale, ai sensi dell'artt. 1366 c. c.. [106][cvi]

Ad esempio, nel contratto di noleggio di una nave la dichiarazione di prontezza della nave fatta dal noleggiante, non costituisce principio d'esecuzione ex art. 1373 c.c., tale da escludere la facoltà di recesso, pattuita in base alla cosiddetta clausola di cancello (attributiva del potere di cancellare il contratto). [107][cvii]

Caparra confirmatoria

In particolare il limite, di cui al primo comma dell'art. 1373 del codice civile, non è applicabile alla fattispecie, prevista dall'art.1385 c.c. in tema di caparra confirmatoria. [108][cviii]

Infatti, essendo il recesso previsto dal predetto art. 1385 c.c. come conseguenza di un inadempimento della controparte contrattuale, l'esecuzione parziale del contratto, come nel caso in cui sia stata versata una somma a titolo di caparra o acconto del prezzo pattuito, non escludendo l'inadempimento, non costituisce un principio d'esecuzione del contratto ai fini del primo comma dell'art. 1373 del cod. civ.. [109][cix]

Preliminare

Anche il contratto preliminare si colloca nel solco di quelle prestazioni anteriori o contestuali, che non precludono l'esercizio del diritto di recesso. [110][cx]

Infatti, l'unico effetto, che nasce dal contratto preliminare a carico di entrambi i contraenti, almeno di regola, è l'obbligo di concludere il contratto definitivo. Rispetto a tale obbligo non appare perciò configurabile un principio d'esecuzione, ai sensi dell'art. 1373 citato.

---

[106] DE NOVA op. cit. p. 550; GABRIELLI op. cit. p. 99; Cass. Sentenze n.: 2607 del 1951, 5196 del 1978, 6507 del 1979, 6318 del 1980, 2625 del 1984. Contra: D'AVANZO op. cit. p. 1031, secondo cui l'adempimento degli obblighi prodromici rende inattuabile il recesso e Cass. Sentenza n. 6582 del 1984.
[107] Cass. Sentenza n. 2137 del 2000.
[108] Cass. Civ. Sez. II, Sentenza n. 7762 del 2013 dove si legge che, "la caparra confirmatoria trova giustificazione nell'inadempimento".
[109] Nello stesso senso: Cass. n. 2607 del 1951.
[110] Cfr. Cass. n. 6318 del 1980.

Principio d'Esecuzione del Contratto

P. a effetti anticipati

Secondo l'indirizzo giurisprudenziale prevalente, invece, l'ipotesi del <u>preliminare ad effetti anticipati</u> costituisce principio di esecuzione del contratto ostativo all'esercizio del recesso, ai sensi dell'art. 1373, 1° comma, cod. civ. Come nel caso in cui con il preliminare di vendita le parti abbiano posto in essere comportamenti, quali, ad esempio, la <u>consegna della cosa promessa</u> da parte del promittente venditore oppure il <u>pagamento del prezzo o di una sua parte</u> dal promittente compratore. Poiché il preliminare obbliga le parti a compiere le prestazioni finali di cui al definitivo, un <u>anticipo anche parziale di tali prestazioni,</u> che sono di regola esecutive e anticipatorie del definitivo, <u>costituisce principio d'esecuzione</u> del contratto, che di conseguenza non può più essere revocato. [111 cxi]

Comunque dall'<u>interpretazione della volontà delle parti</u> può risultare, che esse abbiano in ogni caso voluto <u>tenere ferma la facoltà di recesso fino alla conclusione del definitivo</u> [112 cxii].

Secondo un indirizzo minoritario occorrerebbe distinguere, a seconda del caso in cui <u>gli effetti anticipati si siano realizzati contestualmente</u> alla conclusione del preliminare o <u>in un momento successivo</u>, secondo quanto in esso programmato dalle parti. Solo in quest'ultima ipotesi, la consegna della cosa o il pagamento del prezzo sarebbero preclusivi della facoltà di recesso ex art. 1373, 1° comma del cod. civ. [113 cxiii]

Preclusioni

Il recesso è esercitabile, anche se è stata esperita dalla controparte l'azione d'esecuzione in forma specifica, è precluso, invece, dall'azione di risoluzione per inadempimento. [114 cxiv]

Derogabilità

Il limite del principio d'esecuzione costituisce un <u>effetto naturale del negozio di recesso, derogabile</u> dalle parti con contraria

---

[111] Vedi: Cass. n. 6507 del 1979, Cass. n. 6482 del 1980, Cass. n. 2615 del 1982, Cass. n. 5641 del 1982, Cass. n. 2625 e 6582 del 1984, Cass. n. 1101 del 1988. TAROLO "Lo scioglimento del contratto preliminare, in AA.VV., Recesso e risoluzione, cit., pp. 95-96.
[112] Cfr. Cass. n. 5196 del 1078, Cass. n. 6507 del 1979.
[113] Cass. n. 6318 del 1980, Cass. n. 8674 del 1990.
[114] V. Cass. n . 5476 del 1980.

pattuizione, che consente l'esercizio del recesso, anche dopo l'esecuzione delle prestazioni dedotte in contratto. Tale deve essere inteso il recesso, stabilito in funzione di un <u>patto di prova</u>, inserito in un <u>contratto di lavoro</u>. Dopo il periodo di prova il recesso può essere esercitato, anche dopo l'adempimento delle prestazioni effettuate durante tale periodo. [115][cxv]

Effetti reali

A tal proposito, come si è già detto (vedi retro cap. 7, pag. 38 e ss.), sia nei contratti a <u>effetti esclusivamente obbligatori</u>, l'adempimento dei quali richieda comportamenti esecutivi delle parti e in quelli che producono <u>effetti reali</u>, in dottrina e giurisprudenza si tende ad <u>escludere</u>, quando <u>l'effetto reale si sia in tutto o in parte realizzato</u> o quando la <u>prestazione obbligatoria è stata in tutto o in parte adempiuta,</u> che <u>possa configurarsi come recesso</u> unilaterale, a norma dell'art. 1373 cod. civ., una facoltà esercitabile per espressa previsione delle parti, soltanto a contratto eseguito. In particolare, nei c.d. contratti ad effetti reali, ai sensi dell'art. 1376 c. c., gli effetti reali si producono al momento della conclusione del contratto per effetto del consenso. [116][cxvi]

Lo scioglimento del rapporto contrattuale per volontà di una delle parti, dopo che il contratto abbia avuto un principio d'esecuzione, <u>sarebbe possibile in virtù della deroga di cui al quarto comma dell'art. 1373 del c. civ, ma non costituirebbe affatto un'ipotesi di recesso in deroga alla disciplina legale</u>. [117][cxvii]

Condizione risolutiva

Un clausola derogativa del principio stabilito dal primo comma dell'art. 1373 c. c., quando il contratto ha avuto un prin-

---

[115] Cass. civ. Sez. lavoro Sentenza n. 1513 del 199; Cass. Civ. Sez. II Sentenze n.:12860 del 1993, 16591del 2012.

[116] Secondo B1ANCA, op. cit., p. 702-703, le parti, derogando alla disciplina legale, potrebbero stabilire, che si possa recedere dal contratto, quando sia stato in tutto o in parte eseguito e anche se abbia già prodotto effetti reali. Nel senso, invece, che non possa trattarsi di recesso in senso proprio, se dal contratto sia derivato un effetto reale vedi, tra gli altri, RUBINO, La compravendita, Milano, 1962, 1080, e ROMANO, Vendita, Contratto estimatorio, Milano, 1960, p. 200.

[117] CARRESI, Il contratto, Milano, 1987, p. 847; Cass. 18 settembre 1974, n. 2504, in Foro it., 1974.

cipio d'esecuzione nei contratti non di durata, sarebbe una <u>condizione risolutiva potestativa</u> valida ed efficace *(*vedi anche. cap.7, p. 41). [118][cxviii]

---

[118] Cfr. Cass. n. 3071 del 1973:" non può configurarsi come recesso unilaterale, ex art. 1373 c.c., una facoltà esercitabile, per espressa previsione delle parti, soltanto a contratto eseguito". Nel caso di specie, secondo la Suprema Corte, la clausola con la quale si concedeva al venditore di un terreno la facoltà, di sciogliersi dal vincolo contrattuale, qualora il compratore non avesse ultimato l'iniziata costruzione entro un dato termine e secondo un determinato progetto, costituiva non un'ipotesi di recesso, ma una condizione risolutiva.

11. Contratti di Durata

Contratti di durata

Il secondo comma dell'art. 1373 del codice civile stabilisce che nei contratti a esecuzione continuata o periodica, detti più semplicemente contratti di durata (come, per esempio, la somministrazione, la locazione, l'affitto, l'appalto, ecc.), il recesso possa esercitarsi, anche dopo che si sia verificato un principio di esecuzione del contatto. Salvo patto contrario, il recesso non ha effetto per le prestazioni già eseguite o in corso di esecuzione.[119]

In questi contratti, caratterizzati da prestazioni, che si prolungano nel tempo in modo continuo o periodico, è normale, che il termine finale del rapporto contrattuale non possa travolgere le prestazioni, che sono state già compiute o che si stanno eseguendo al momento del recesso.[120]

Fondamento

Nei contratti di durata il recesso costituisce un potere di autotutela, riconosciuto alle parti dalla legge o dal contratto, utile a porre termine a rapporti contrattuali, che si prolungano nel tempo, per liberarsi da un affare, che nel corso del tempo non sia più rispondente ai bisogni o alle esigenze reciproche delle parti. Può accadere, inoltre, che durante il rapporto si verifichino eventi, che facciano venir meno la fiducia nella buona fede e correttezza della controparte contrattuale, per cui sia necessario o conveniente sciogliersi dal contratto. Il recesso può rappresentare anche un rimedio contro l'inadempimento o l'onerosità o l'intollerabilità della prosecuzione del rapporto. In questi casi la legge consente a entrambi i contraenti, o ad uno solo di essi, un

---

[119] Cass. nn.: 2417 del 1971, 6507 del 1979, 6318 del 1980, 5641 del 1982, 2625 del 1984, 6582 del 1984.
[120] SANGIORGI, "Recesso ad nutum e Rapporti di durata", Milano, 1965; CALLEGARI, "Il recesso unilaterale nei contratti", Torino, 1939, DE NOVA, op. cit.

ius poenitendi, cioè il diritto di pentirsi e sciogliersi dal vincolo contrattuale, perché non ha più alcun interesse a continuare quel rapporto.[121]

C. a esecuzione periodica

Possiamo distinguere i contratti di durata in <u>contratti a esecuzione periodica e contratti a esecuzione continuata.</u> Solo per la prima categoria di contratti, caratterizzata da una <u>pluralità di prestazioni, che si ripetono nel tempo</u>, è possibile parlare di prestazioni già eseguite o in corso d'esecuzione, secondo la formula adottata dal secondo comma dell'art.1373 del codice civile. Pertanto, solo per questi contratti di durata <u>il recesso non ha effetto, né per le prestazioni già eseguite, né per quelle in corso di esecuzione.</u>

C. a esecuzione continuata

Nei contratti ad <u>esecuzione continuata</u>, dove non è possibile individuare una pluralità di prestazioni, non si può parlare di prestazioni già eseguite, in quanto <u>la prestazione unitaria è sempre necessariamente in corso di esecuzione</u>. Il recesso, salva sempre l'efficacia del contratto per il tempo anteriore, può intervenire solo quando la prestazione è ancora in corso, per cui <u>ha effetto dal momento in cui la dichiarazione del recedente è comunicata all'altro contraente.</u>[122]

Per <u>i contratti di durata</u> vale, dunque, la regola dell'<u>inefficacia sopravvenuta del contratto</u>, che rappresenta un <u>principio costante della materia contrattuale</u>, previsto non solo per il recesso, ma anche per l'avveramento di una <u>condizione risolutiva</u>, così come stabilito dal secondo comma dell'art.1360 del cod. civ. o per la <u>risoluzione</u>. Pertanto, salvo patto contrario, il recesso opera sul rapporto contrattuale <u>senza effetto retroattivo.</u>[123]

---

[121] Così GABRIELLI - PADOVINI, cit., p. 36.
[122] Nello stesso senso MANCINI, Il recesso unilaterale e i rapporti di lavoro, I, Milano, 1962, p. 270 ss.
[123] SANGIORGI, cit., p. 110. Cass. n. 9899 del 1999.

Le parti non possono pretendere la restituzione non solo delle prestazioni già eseguite, ma anche di quelle che siano in corso d'esecuzione, cioè di quelle, che pur non essendo state completamente eseguite, siano in via di espletamento. [124]

Causa dei c. di durata

La regola trova fondamento nella particolarità con la quale si realizza la causa nei contratti di durata. La causa pur essendo unica, si attua continuativamente. Per cui l'estinzione del rapporto prima dell'adempimento totale non può eliminare quanto la causa ha realizzato, nel periodo in cui si è attuata per il tramite delle prestazioni, che sono già state eseguite o per le quali sia in corso l'adempimento. D'altronde, il mantenimento degli effetti già prodotti dal contratto è utile ad entrambe le parti, poiché di essi si sono giovate, per tutto il tempo trascorso anteriormente all'esercizio del diritto di recesso. [125]

Irretroattività

Il recesso opera ex nunc, è irretroattivo. Ciò comporta la consolidazione degli effetti già prodotti dal contratto, così come espressamente previsto nella disciplina di alcuni contratti tipici. Ad esempio, l'art. 2237 del cod.cov. stabilisce, che il cliente, che receda dal contratto d'opera professionale, debba pagare il compenso per le prestazioni già eseguite. [126]

L'ultimo comma dell'art. 1373 del cod. civ. fa salvo il patto contrario, per cui le parti possono convenire la restituzione delle prestazioni ricevute. In tal caso il patto di recesso, efficace anche per le prestazioni già eseguite, non potrebbe in ogni caso travolgere i diritti acquistati dai terzi, che restano salvi ai sensi dell'art. 1372, c. 2° del c.c. [127]

---

[124] Secondo DE NOVA, cit., il recesso nei contratti di durata ha effetto immediato, ma tali contratti possono richiedere il completamento di un ciclo di godimento o un preavviso.
[125] Nello stesso senso OPPO, I contratti di durata, in Riv. dir. comm.
[126] SANGIORGI, Recesso, cit.
[127] G. DE NOVA, Il recesso, cit., p. 640. Secondo BIANCA, op. cit., p. 737, il patto di reces-

A parte il discorso dell'inopponibilità ai terzi, che vale solo a confermare la tessi dell'irretroattività del recesso nei contratti di durata, per quanto già detto in precedenza, tali deroghe al principio enunciato dal citato secondo comma dell'art. 1373 sono possibili, ma non si tratterebbe di ipotesi di recesso, che può operare solo ex nunc. In particolare, nell'ipotesi prevista dall'art. 1985 c.c., del debitore che receda dal <u>contratto di cessione dei beni ai creditori</u>, offrendo il pagamento del debito capitale e degli interessi, non si può parlare di retroattività del recesso, ma di <u>contratto novativo</u>.

Contratti a tempo determinato

I contratti a esecuzione continuata o periodica possono avere una <u>durata determinata o essere a tempo indeterminato</u>. Nei contratti di durata, nei quali le parti hanno stabilito un termine finale di durata del rapporto, il recesso può essere esercitato <u>solo se previsto da una clausola contrattuale</u>.

Contratti a tempo indeterminato

Quando, invece, il <u>contratto di durata sia a tempo indeterminato,</u> il recesso è previsto non solo da una clausola del contratto, ma <u>dalla legge</u>. L'assunto si ricava dall'esame complessivo dei dati normativi. Infatti, una serie di norme dei contratti tipici attribuiscono alle parti la facoltà di recesso.

Recesso legale

L'art. 1569 del cod. civ. per la <u>somministrazione</u> prevede la possibilità di recedere, dando <u>preavviso</u>, se la durata della somministrazione non è stabilita. La stessa identica facoltà è attribuita a ciascuna delle parti dall'art. 1750 del medesimo codice, quando il <u>contratto di agenzia</u> è a tempo indeterminato. La medesima regola è stabilita dall'art. 1616 per l'affitto, dall'art. 1810 per il <u>comodato</u>, dall'art. 1833 per il <u>conto corrente</u> e

---

so può essere reso opponibile ai terzi. Per SANGIORGI, cit., p. 147, la clausola di recesso non sarebbe apponibile a quei contratti, per i quali la legge impone per la loro stessa natura un limite di durata minima.

dall'art. 1845 del cod. civ. per l'apertura di credito, quando la durata di tali contratti, regolati dalle richiamate norme del codice civile, non sia stata determinata dalle parti.

Nella materia societaria l'art 2437 del codice civile prevede la possibilità del socio di recedere con preavviso, se la società con azioni non quotate sia contratta a tempo indeterminato. La stessa facoltà spetta al socio di una società a responsabilità limitata a norma dell'art. 2473 del c.c.. Anche per le società di persone si stabilisce (art. 2307 c.c.), che ciascun socio possa sempre recedere dalla società in caso di proroga tacita senza determinazione di tempo.

In materia di contrattazione collettiva la giurisprudenza ammette la possibilità del datore di lavoro di recedere dal contratto collettivo di lavoro a tempo indeterminato, pur in mancanza di previsione legale o negoziale. [128]

Ma si ritiene, che la cessata l'efficacia del contratto collettivo non tolga efficacia ai contratti individuali in corso e che l'imprenditore non possa, invece, recedere unilateralmente dal contratto individuale stipulato sine die. [129]

Principio generale

Si può ritenere, pertanto, che tutte le norme richiamate si inquadrino perfettamente in un principio generale proprio dell'ordinamento giuridico (art. 12 delle preleggi cod. civ.), non enunciato espressamente in via generale, ma applicato in maniera costante ai rapporti di durata, così da costituire una regola. [130]

Onde può farsi rientrare in quelle cause di recesso ammesse dalla legge, di cui parla l'art. 1372. [131]

---

[128] Cass. n. 4507 del 1993.
[129] CECCONI, Recesso dal contratto a tempo indeterminato e modificazione unilaterale; FANTINI, Ultrattività della contrattazione collettiva e recesso dal contratto collettivo senza predeterminazione di durata. Cass. n. 6408 del 1993, Cass. n. 8360 del 1996, Cass. n. 3296 del 2002.
[130] Così GRINGERI, Dei rimedi diretti allo scioglimento del contratto d'assicurazione, in AA.VV., Recesso e risoluzione, cit., p. 908.
[131] Nello stesso senso OPPO, I contratti di durata, in Riv. dir. comm., 1943, II, p. 24, ora in

Questo principio di temporaneità, per cui non è ammessa l'esistenza di vincoli obbligatori perpetui, è correlato alle garanzie costituzionali dei diritti di libertà e si contrappone al principio di stabilità del rapporto negoziale, stabilito dall'art. 1372 del cod. civ..[132 cxxxii]

Il principio *(ius libertatis non debet infringi)* può farsi risalire al tempo della codificazione napoleonica, per lo sfavore verso forme di asservimento personale proprie dell'epoca feudale e l'avversione per ogni sorta di vincolo al libero commercio.

Il contratto come atto di libertà e autonomia contrattuale potrebbe contenere vincoli obbligatori, destinati a perdurare senza limiti di tempo e, per i diritti trasmissibili, anche per gli aventi causa e successori dei contraenti. Ma questo equivarrebbe a una rinuncia a tutta la libertà contrattuale futura con un unico atto di libertà.[133 cxxxiii]

L'avversione dell'ordinamento giuridico verso rapporti contrattuali perpetui discende, pertanto, dalle esigenze di tutela della libertà contrattuale in generale e del contraente più debole in particolare, che potrebbe essere stato costretto in qualche modo ad accettare l'insorgenza di vincoli, che lo obblighino per tutta la propria esistenza. Peraltro, l'interesse generale allo sviluppo e progresso del sistema economico sarebbe pregiudicato da accordi, che impediscano il mutamento della destinazione ed il migliore e più proficuo impiego delle risorse materiali e umane.[134 cxxxiv]

Scritti giuridici, III, Padova, 1992; RESCIGNO, Contratto collettivo senza predeterminazione di durata e libertà di recesso, in Mass. giur. lav., 1993, p. 579.

[132] MAIORCA "Il Contratto", p. 261 ss.; BIANCA 1984, p. 704 ss.; Cass. n. 5641 del 1982.

[133] ABELLO, Della locazione, vol. II, Napoli-Torino, 1910, p. 609; CARNELUTTI, Del licenziamento nella locazione di opere a tempo indeterminato, in Riv. dir. comm., 1911, I, p. 377; GALGANO, op. cit., p. 62.

[134] GALGANO, Associazioni, fondazioni, comitati, p. 353 ss., afferma che solo l'atto di fondazione può creare un vincolo perpetuo sui beni.

Donde la facoltà per le parti di sciogliersi dal rapporto, contratto senza determinazione di tempo, con una unilaterale dichiarazione di volontà. [135 cxxxv]

Se si accogliesse la tesi, secondo la quale il recesso è un istituto di carattere eccezionale, poiché fa eccezione al principio generale dell'irrevocabilità del consenso e, quindi, non è suscettibile di applicazione analogica. [136 cxxxvi]

Non potendosi applicare in via d'analogia le norme dei contratti tipici, sarebbero ammissibili contratti atipici perpetui. Trovando, invece, la sua fonte in un principio generale dell'ordinamento, piuttosto che su singole norme di legge, il recesso è un diritto attribuito ai contraenti <u>in tutti i contratti a tempo indeterminato</u>, non solo se stabilito da una clausola contrattuale o nelle ipotesi espressamente previste dalla legge per i <u>contratti tipici</u>, ma <u>anche in quelli atipici e di nuova creazione</u>. [137 cxxxvii]

Tuttavia, il principio generale di recesso dal contratto a tempo indeterminato non esclude un <u>controllo giudiziale sulla conformità alle regole della correttezza sulle concrete modalità di esercizio del recesso</u>. [138 cxxxviii]

In questi casi, infatti, <u>mancando delle regole sulle modalità di esercizio</u> del diritto di recesso, allo scopo di <u>salvaguardare l'interesse della controparte</u>, che subisce il recesso, che potrebbe avere difficoltà nel costituire un nuovo rapporto, che sostituisca quello che si va a sciogliere, occorre, quantomeno, che il recesso sia comunicato con un congruo preavviso.

---

[135] Per il MANCINI, Il recesso, op. cit. p.12 ss e LUMINOSO, Il mutuo dissenso, cit. p.52, i termini riscatto, revoca e rinuncia usati in tal senso, costituiscono solo varianti terminologiche del termine recesso. GABRIELLI-PADOVINI, cit., p. 2, a tal proposito parla di revoca ordinaria. SANGIORGI, cit., p. 3, parla di revoca ad nutum. Queste ipotesi vengono contrapposte a quelle in cui il recesso presuppone una giusta causa.
[136] Avendo aderito all'opposta teoria, vedi ante pg. 28-30. Contra: Cass. n. 7579 del 1983, Cass. n. 424 1963 e FRANZONI, op. cit., p. 32, secondo il quale il recesso costituisce eccezione a principi generali e non è estensibile per analogia.
[137] MIRABELLI, "Dei contratti in generale", Torino, 1956, p. 223; Contra D'AVANZO, cit., p. 1032, il quale sostiene che la legittimazione al recesso deriva dalla legge o dalla volontà delle parti, non sia, invece, espressione di un principio generale dell'ordinamento giuridico.
[138] P. RESCIGNO, Contratti collettivi, p. 581.

Contratti perpetui

Si deve ritenere, che la non ammissibilità di vincoli obbligatori perpetui costituisca un principio di ordine pubblico. Il contratto perpetuo è, perciò, nullo, salvo che non lo si converta in contratto a tempo indeterminato con facoltà di recesso delle parti. Come accade nel caso della rendita perpetua, la quale è soggetta a riscatto, così come in qualsiasi altra obbligazione perpetua. [139 cxxxix]

Durata massima

Dunque l'ordinamento giuridico stabilisce un termine massimo di durata nei contratti ad esecuzione continuata e periodica. Onde il diritto di recesso è attribuito ad entrambe le parti nei contratti a tempo indeterminato, anche in mancanza di una espressa pattuizione contrattuale o di una norma di legge specifica. Il diritto di recedere compete alle parti contrattuali anche quando la durata del contratto inizialmente fissata, sia stata superata, senza che sia stato stabilito un nuovo termine finale.

Il principio generale di temporaneità dei contratti è destinato concretamente ad operare per i contratti atipici o creati ex novo, giacché per i contratti di durata tipici e nominati, il diritto di recesso è previsto generalmente dalle norme di legge contenute nella disciplina specifica dei singoli tipi. [140 cxl]

Per esempio, il patto di non concorrenza non può durare più di cinque anni (art. 2596 c.c.). Il patto di non alienare deve essere contenuto entro convenienti limiti di tempo (art. 1379 c.c.).

Per la locazione è stabilito un termine massimo di durata, che non può essere superiore a trent'anni (art. 1573 cod. civ.). Inoltre per le locazioni di immobili urbani la legge interviene a sup-

---

[139] Così GALGANO, cit.; SANGIORGI, Recesso, cit., n. 3.4.; Idem., Rapporti di durata e recesso ad nutum, Milano, 1965, p. 111; GABRIELLI-PADOVINI, op. cit., p. 300; SCOGNAMIGLIO, op. cit., p. 293; MANCINI, op. cit., pp. 236-258; DE NOVA, Il recesso, cit., p; 645, CIMMINO, op cit.. Cfr. Cass. n. 4530 del 1984. n. 7579.
[140] BIANCA, op. cit., p. 705

plire l'inerzia delle parti successiva alla scadenza del termine, fissando d'imperio il <u>rinnovo del termine</u>.[141][cxli]

Nel campo societario l'art. 2328 n. 13 obbliga i soci a determinare la durata del contratto di società di capitali. L'art. 2341 bis del codice civile stabilisce un termine massimo di cinque anni per i patti parasociali relativi a società non quotate.[142][cxlii]

Durata minima

Il rapporto tra il principio di stabilità del contratto o della irrevocabilità del consenso, espresso dall'art.1372 del cod. civ., per cui il contratto è risolubile solo per mutuo dissenso o per legge e quello opposto della temporaneità del contratto, di cui all'art. 1373 dello stesso codice, per l'attribuzione del potere unilaterale di recesso, stabilito sempre o ex lege o per contratto, che devono ritenersi entrambi principi generali dell'ordinamento giuridico, pongono il problema di capire, se per l'ordinamento esista un <u>limite di durata minima del contratto</u>, al di là del quale il contratto cessi di essere un atto giuridicamente vincolante. Il limite di tempo può essere connaturato al tipo di contratto, per cui la libertà di recedere in qualsiasi momento è esclusa a causa di un termine di durata minima del rapporto, non espressamente previsto, ma desumibile dalla natura stessa del contratto. Peraltro, non solo il recesso, ma anche il mutuo consenso può essere sottoposto a <u>limiti temporali, che consentano al contratto la realizzazione della sua funzione tipica.</u>[143][cxliii]

Per esempio, nel contratto d'opera intellettuale, la possibilità, accordata al cliente dall'art. 2237, comma 1° c.c. di recedere

---

[141] G. DE NOVA, Il recesso, cit., p; 638; BRECCIA, Il diritto all'abitazione, Milano, 1980, pp. 196- 207, il quale ritiene che nelle locazioni di immobili abitativi, il legislatore abbia compiuto un contemperamento degli interessi delle parti, per la possibilità, offerta al conduttore, di avvalersi di possibilità alternative in quelle ipotesi in cui, ricevuto l'atto di recesso, non sia in grado di rivolgersi al mercato degli alloggi, al fine di reperire una nuova abitazione.

[142] Per le società di persone v. FUSARO, La durata delle società di persone e i diritti del creditore particolare del socio, in Contratto e impresa, 1987, p. 494.

[143] BURRAGATO, Riflessioni in tema di recesso nel contratto d'opera intellettuale e rapporti di durata, in AA.VV., Recesso e risoluzione, cit., pp. 1002-1003. Secondo VITUCCI, Profili della conclusione del contratto, Milano, 1968, pp. 86-108, a proposito del contratto sorge il dubbio sull'idoneità della proposta contrattuale o degli atti unilaterali, a produrre vincoli.

rimborsando le spese al professionista e compensandolo per l'opera svolta, ha indotto a dubitare della possibilità di ravvisare un contratto, ossia un atto giuridicamente vincolante. [144]

Si ritiene a tal proposito, che non sia possibile stabilire un grado minimo di irrevocabilità del consenso contrattuale, poiché con l'art. 1372 c.c. la legge ha solo indicato una tendenza verso la stabilità dei vincoli giuridici, assunti dalle parti. [145]

---

[144] Per GALGANO, Gli effetti del contratto, in Commentario del codice civile Scialoja-Branca, Bologna - Roma, 1993, p. 640, nel contratto d'opera intellettuale il professionista non può opporre l'eccezione di inadempimento al cliente, che non gli versa gli acconti dovuti. Peraltro, il professionista, essendo la sua una obbligazione di mezzi, ha diritto a conseguire il compenso, a differenza dell'appaltatore e del prestatore d'opera manuale, anche se il risultato non è raggiunto.
[145] GABRIELLI, Vincolo contrattuale e recesso unilaterale, Milano, 1985, p. 79.

12. Preavviso

Fondamento   Il preavviso rappresenta una <u>modalità,</u> eventualmente richiesta da una clausola del contratto o da una specifica disposizione di legge, <u>per l'esercizio del diritto di recesso</u>. <u>Non è comtemplato nell'art.1373 c.c., ma da una serie di norme contenute nella disciplina di alcuni contratti tipici</u>. Particolare rilevanza sociale assume l'obbligo di preavviso, previsto quale modalità del recesso nei contratti di lavoro e in quelli di locazione di immobili urbani.

Nozione   Il preavviso è un <u>modo di comunicazione</u> della dichiarazione di <u>recesso</u>, che il recedente ha l'onere di compiere nei confronti del contraente receduto, in un <u>tempo anteriore a quello nel quale il recesso deve divenire operante</u>. La comunicazione va effettuata nei termini previsti dalla legge o dal contratto. <u>Lo scioglimento del rapporto</u> contrattuale avverrà solo <u>dopo la scadenza del termine di preavviso</u>.

Natura   Si tratta di un <u>onere di comunicazione anticipata</u>, nel senso che la <u>comunicazione non solo debba pervenire a conoscenza del destinatario</u>, ma debba <u>precedere di un certo tempo il momento dell'efficacia del recesso.</u>

Efficacia   <u>L'efficacia del recesso rimane sospesa nel termine di preavviso</u>, per cui il rapporto prosegue con tutte le connesse obbligazioni fino alla scadenza del termine di preavviso. [146 cxlvi]

Comunque, il recesso <u>è immediatamente impegnativo</u> dal momento della comunicazione del termine di preavviso, infatti, da tale momento <u>la dichiarazione di recesso non è più revocabile</u>, sì che l'atto di recesso non può essere ritirato dal recedente. [147 cxlvii]

---

[146] Cass. n. 17334 del 2004.
[147] MIRABELLI, Dei contratti in generale, p. 301 e Atto o negozio giuridico, p. 340. Secondo Cass. n. 1021del 1953, l'eventuale dichiarazione di revoca del recesso equivale alla proposta di nuovo contratto.

Inadempimento	L'unica conseguenza, che deriva dal mancato preavviso, consiste nel fatto che il <u>recesso,</u> per <u>la mancanza di un presupposto legale o convenzionale,</u> <u>diviene inefficace,</u> per cui produrrà il suo effetto estintivo solo alla scadenza del termine di preavviso, che diviene così il termine finale del contratto su cui il recesso opera. Ma il contratto o la legge possono prevedere che, invece, dell'inefficacia del recesso, il mancato preavviso comporti come conseguenza, che il recedente debba <u>compiere in favore del receduto una prestazione</u>.

La violazione del patto di <u>preavviso non comporta un danno in re ipsa</u>. Al receduto incombe l'onere di dimostrare il pregiudizio effettivamente subito. Salvo che le parti non abbiano espressamente previsto nel contratto il pagamento di una somma di denaro a titolo di ristoro per il presunto danno da mancato preavviso. [148] [cxlviii] |
| Funzione | L'obbligo del preavviso ha la funzione di <u>tutelare il contraente receduto</u> per <u>evitare o limitare i danni</u>, che potrebbero derivargli <u>dall'improvvisa rottura del rapporto contrattuale</u>. Onde consentirgli di ottenere il tempo necessario a realizzare in modo diverso i suoi interessi, che potrebbero essere stati pregiudicati, in una qualche maniera, dallo scioglimento anticipato del contratto. Per cui gli effetti del recesso sono posticipati alla scadenza del termine di preavviso. [149] [cxlix] |
| Buona fede | Proprio in quanto risponde all'esigenza di salvaguardare gli interessi del contraente receduto, per l'eventuale difficoltà di trovare un nuovo contraente al posto del recedente, il <u>rispetto del principio di buona fede e correttezza dovrebbero sempre imporre ai contraenti di comunicare il recesso con un congruo preavviso</u>. Il mancato preavviso, anche se non previsto dalla legge o dal contratto, infatti, potrebbe comportare a carico dei contraenti |

---

[148] BIANCA, op. cit. Cass. n. 227 del 2013.
[149] PERA, La cessazione del rapporto di lavoro, pp. 48-54; SANGIORGI, Rapporti, cit., p. 130; Id., Recesso, cit., n. 31; GABRIELLI - PADOVINI, op. cit., p. 31. Cass. n. 227 del 2013.

le conseguenze stabilite dalla legge per l'inadempimento agli obblighi di buona fede e correttezza contrattuale. Salva la difficoltà di stabilire il termine e sempre che ciò non comporti per il recedente un apprezzabile sacrificio. [150]

---

[150] BIANCA, op. cit., p. 794.

13. Multa Penitenziale

Nozione

Mentre in alcune ipotesi il recesso unilaterale costituisce la manifestazione di un insindacabile ius poenitendi, che, derivando dalla legge o dalla volontà delle parti, una parte può esercitare a suo arbitrio e senza obbligo di corrispettivo. In altri casi il recesso è stabilito come corrispettivo della promessa o dazione di una somma di denaro. [151][cli]

In tali casi non è richiesto alcun controllo sull'addebitabilità del recesso, come avviene per la caparra confirmatoria o la risoluzione per inadempimento, essendo l'esercizio della facoltà di recesso un vero e proprio diritto potestativo. Per cui la controparte potrebbe solo pretendere, che il recedente effettui il pagamento del corrispettivo. [152][clii]

La multa penitenziale consiste nella prestazione di una somma di denaro, che ai sensi del terzo comma dell'art.1373 del cod. civ., può essere prevista quale corrispettivo per l'esercizio del potere di recesso a carico del recedente.

Efficacia

La stessa norma stabilisce che in questo caso il recesso non ha effetto, finché il corrispettivo non sia stato prestato. Se il contraente receduto rifiuta la prestazione, il recedente potrebbe ricorrere all'offerta formale, ai sensi dell'art.1208 c.c.. [153][cliii]

L'inefficacia del recesso può essere estesa agli eventuali obblighi restitutori conseguenti al recesso. [154][cliv]

Quindi, se il recesso non può essere esercitato e non ha effetto fino alla effettiva prestazione del corrispettivo, nonostante la dichiarazione di recesso, la controparte receduta potrebbe iniziare l'esecuzione nei contratti istantanei, secondo la previsione del

---

[151] MESSINEO, in Banca, borsa etc., 1934, I, p. 208.
[152] Cass. n. 6558 del 2010.
[153] Cfr. Cass. n. 267 del 1976.
[154] GABRIELLI, cit. p. 103.

primo comma dell'art. 1373 c.c., <u>rendendo il recesso definitivamente privo di effetti</u>. Nel caso dei <u>contratti di durata</u>, di cui al secondo comma dello stesso articolo, potrebbe <u>proseguire l'adempimento delle prestazioni continuate o periodiche, acquisendo il diritto alla controprestazione</u>

Patto contrario

Non sempre le parti o la legge attribuiscono al corrispettivo, così come ipotizzato nel 3° comma dell'art. 1373 del cod. civ, la funzione di condizione dell'efficacia del recesso. Infatti, essendo tale <u>regola derogabile</u>, così come stabilito dal <u>quarto comma dell'art. 1373</u>, in alcuni ipotesi il recesso convenzionale e quello legale comportano, per volontà delle parti o della legge, solo <u>l'obbligo di versare il corrispettivo a titolo di indennità.</u>

Così come, ad esempio, previsto nelle ipotesi di recesso legale dall'art. 1685 c.c. per <u>il recesso del mittente nel contratto di trasporto</u> e nei casi in cui l'obbligo di prestazione deriva dall'inadempimento all'onere di preavviso (art. 2118 c. c.). In tali ipotesi il <u>recesso è immediatamente efficace</u>, al recedente incombe soltanto l'obbligo della prestazione, il cui <u>inadempimento non incide sull'efficacia dell'atto.</u> [155 clv]

Per cui il recesso esercitato anche prima o senza che il corrispettivo sia stato prestato dal promittente, comporta solo l'obbligo di versare il corrispettivo, con facoltà della controparte di chiederne l'adempimento. [156 clvi]

Mentre nell'ipotesi regolata dal terzo comma dell'art 1373 c.c., il corrispettivo assume la funzione <u>di prezzo dello ius poenitendi, condizionando l'efficacia del recesso.</u> Nel caso previsto dal quarto comma dell'art 1373 c.c., per l'espressa previsione

---

[155] MIRABELLI, cit. Cass. n. 11 del 1959.
[156] GABRIELLI, op. cit., p. 102, e nota 207.

del patto contrario, il corrispettivo è corrisposto solo a titolo <u>di indennizzo</u>. [157][clvii]

Penale   Talvolta, a proposito del corrispettivo da versare per il recesso, si parla di <u>penale</u>. Ma a ben guardare, il corrispettivo di cui all'art.1373 cod. civ. non presenta i caratteri propri dell'istituto regolato dall'art. 1382 c.c.. La multa penitenziale costituisce solo il <u>prezzo del recesso</u>, il corrispettivo di un diritto legittimamente esercitato e, a differenza dalla penale, <u>non presuppone l'inadempimento del recedente e non</u> costituisce il <u>mezzo per risarcire</u> il contraente receduto per la mancata esecuzione del contratto. [158][clviii]

Caparra   Il corrispettivo per il recesso può essere <u>pagato al momento della conclusione del contratto o nel momento in cui si recede.</u> Nel primo caso si parla di <u>caparra penitenziale</u>, prevista <u>dell'art. 1386 cod. civ.</u>, nel secondo di multa penitenziale (terzo comma dell' art. 1373 cod. civ.).

La multa penitenziale e la caparra penitenziale rappresentano le due forme alternative di <u>recesso a titolo oneroso</u>. In questi casi per la facoltà di recedere, concessa per una o per entrambe le parti, è pattuito un corrispettivo. [159][clix]

La caparra è contestuale o preventiva alla conclusione del contratto. Si può parlare di multa penitenziale, invece, quando il corrispettivo pattuito non è versato immediatamente, ma soltanto <u>promesso</u>.

---

[157] Così anche Cass. n. 267 del 1976, secondo cui solo quando il corrispettivo abbia valore e oggetto indennitario, non condiziona l'efficacia del recesso. Contra: Cass. n. 1176 del 1959, in cui si afferma che, nel recesso convenzionale, di cui all'art. 1373 c.c., in tutti i casi in cui le parti abbiano stabilito una prestazione del recedente, a titolo di prezzo dello ius poenitendi o a titolo d'indennizzo, "il recesso non ha effetto, se la prestazione non è stata adempiuta".

[158] BIANCA, op cit., afferma che si parla di multa penitenziale anche quando il corrispettivo sia previsto per il recesso dai contratti a prestazione continuata o periodica.

[159] MIRABELLI, Dei contratti, cit., p. 301 e DE NOVA, Il recesso, in Trat. dir. priv., diretto da Rescigno, vol. X, t. 2, Torino, 1982, p. 555.

14. Caparra Penitenziale

Nozione — La caparra penitenziale consiste in una somma di denaro o una quantità di cose fungibili, che, a differenza della multa penitenziale, è consegnata al momento della conclusione del contratto da una delle parti all'altra. Il recedente perderà la caparra data o dovrà restituire il doppio di quella ricevuta. La caparra potrebbe anche essere versata da entrambi i contraenti nelle mani di un terzo.

Natura — La caparra si perfeziona solo con la consegna di una certa quantità di cose fungibili. Per questo suo carattere la caparra si può qualificare come un vero e proprio contratto reale.

Ius poenitendi — La caparra in funzione del corrispettivo di recesso contempla già l'idea di un ius poenitendi, consentito alla parte, che intende recedere. La caparra penitenziale, prevista per i soli contratti a prestazioni corrispettive, non è soltanto la somma versata a tale titolo, ma è anche la clausola che la prevede. [160 clx]

Recesso oneroso — La caparra penitenziale, disciplinata dall'art. 1386 c. c., appare nella sistematica del codice subito dopo l'art. 1385, che regola l'altra forma di caparra, chiamata caparra confirmatoria. Il legislatore ha compiuto una scelta sotto alcuni profili criticabile, in quanto, pur possedendo alcune delle caratteristiche proprie della caparra confirmatoria, la caparra penitenziale è una figura, che rientra nello schema generale del recesso e maggiormente si avvicina all'istituto della multa penitenziale, previsto all'art.1373. del cod. civ.. Infatti, la caparra penitenziale rappresenta, come la multa penitenziale, il corrispettivo del diritto di recesso, conve-

---

[160] BAVETTA, La caparra, Milano, 1963; TRIMARCHI, Caparra (diritto civile), in Enc. dir., VI, 202.

nuto dalle parti o previsto dalla legge, rappresentando una delle possibili forme di recesso a titolo oneroso.

Multa penitenziale

Nella multa penitenziale, invece, il corrispettivo è versato dal recedente al contraente receduto solo al momento del recesso. La preventiva dazione della somma distingue, pertanto, la caparra penitenziale dalla multa penitenziale. La caparra penitenziale, rispetto alla multa, possiede l'ulteriore caratteristica di fornire idonea garanzia del diritto al corrispettivo del recesso. Se, per esempio, sia previsto nel contratto di telefonia, che se si recede prima di un anno, si perde la somma di 50,00 euro, versata al momento della conclusione del contratto, si sarà in presenza di una caparra penitenziale. Se, invece, sia stabilito il versamento della somma solo al momento dell'esercizio del diritto di recesso, allora si tratterà di una ipotesi di multa penitenziale.

Efficacia

Mentre nella multa penitenziale il contatto si scioglierà, non al momento della dichiarazione di recesso, ma solo dopo che il corrispettivo sarà prestato (art. 1373, terzo co. c.c.). Con la caparra penitenziale, poiché la dazione della somma di denaro precede l'eventuale dichiarazione di recesso, gli effetti del recesso si producono al momento della comunicazione della volontà di recedere. Ciò, però, si verifica soltanto, se il contratto preveda il diritto di recesso per una parte soltanto, che versa la caparra al momento della conclusione del contratto in cambio della concessa facoltà di recedere. Con la dichiarazione di recesso si produrranno gli effetti del recesso: il contratto sarà sciolto e il recedente perderà la caparra data.

Quando il contratto preveda il diritto di recesso per entrambe le parti, la caparra sarà versata da una sola parte. Se sarà questa a recedere, perderà la caparra. Se, invece, recede la parte che ha ricevuto la caparra, il recesso produrrà effetto non dal momento della dichiarazione di recesso, ma solo quando il recedente avrà versato al contraente receduto il doppio della caparra ricevuta.¹⁶¹

Restituzione Se il recesso non è esercitato o se sia venuta definitivamente a mancare la possibilità di recedere, la caparra potrebbe essere trattenuta o imputata a titolo d'acconto della prestazione, solo se il contenuto di essa sia costituito da una quantità di beni dello stesso genere della prestazione principale. Si ritiene in quest'ipotesi, data l'affinità, di potere applicare analogicamente alla caparra penitenziale l'art. 1385, 1° comma c. c., previsto per la caparra confirmatoria. In caso contrario la caparra deve essere restituita.¹⁶²

Principio
d'esecuzione La consegna della caparra penitenziale, come corrispettivo del diritto di recesso attribuito ad una o entrambe le parti contrattuali, non importa un mutamento delle regole poste dalle legge per il recesso. Si ritiene dai più, che la caparra rientri tra gli obblighi contestuali alla conclusione del contratto, che non precluderebbero l'esercizio del diritto di recesso, nel senso di cui al primo comma dell'art. 1373.¹⁶³

Ma tale tesi non è pacifica in dottrina e giurisprudenza, per cui dopo il versamento di una caparra penitenziale, il recesso non può più essere esercitato, avendo avuto il contratto un principio di esecuzione, ai sensi dell'art. 1373, 1° comma.¹⁶⁴

Caparra
confirmatoria La caparra confirmatoria è l'altro tipo di caparra previsto dal codice civile all'art.1385 c.c.. Come quella penitenziale, di cui all'art.1386, consiste in una somma di danaro o una quantità di cose fungibili, che una parte da all'altra al momento della conclusione del contratto. A differenza di quella penitenziale, la

---

¹⁶¹ MIRABELLI, op. cit., p. 34; TRIMARCHI, cit., 203. Cass. n. 2339 del 1979.
¹⁶² In tal senso cfr. TRIMARCHI, cit., p. 202. Diversamente MIRABELLI, Dei contratti in generale, p. 347.
¹⁶³ V. meglio ante par. 10, p. 51-52.
¹⁶⁴ Cass. n. 4545 del 1978.

confirmatoria non rappresenta il corrispettivo del recesso, ma è versata a conferma dell'adempimento, di cui segna <u>quasi un'anticipata e parziale esecuzione.</u>

Infatti, in caso di adempimento, la caparra va restituita. Quando, invece, si verifica l'inadempimento della parte, che ha dato la caparra, la controparte può ritenere la caparra. Se è inadempiente la parte, che ha ricevuto la caparra, l'altra parte può esigere il doppio della caparra data. In ogni caso la parte che non è inadempiente, potrebbe optare per l'esecuzione o la risoluzione del contratto, oltre a richiedere il risarcimento del danno. In quest'ultima ipotesi la caparra può essere imputata in conto dei danni. [165 clxv]

Se in una apposita clausola sia espressamente attribuita ad entrambe le parti la facoltà di sciogliersi dal vincolo contrattuale, la caparra data deve intendersi come penitenziale. Altrimenti, la qualifica di penitenziale, piuttosto che di confirmatoria della caparra, deve risultare dall'interpretazione della clausola contrattuale. [166 clxvi]

Clausola penale

La caparra si distingue dalla clausola penale, perché è prevista per i soli contratti a prestazioni corrispettive. Mentre la penale può essere fonte di ogni obbligazione, derivante anche da contratti con prestazioni a carico di una sola parte, negozi gratuiti, negozi unilaterali o altri atti e fatti giuridici. Inoltre, mentre la penale è dovuta sia per l'ipotesi di ritardo nell'adempimento, che nel caso dell'inadempimento. La caparra, almeno quella confirmatoria, è prevista solo per l'inadempimento. Invece, la caparra penitenziale rappresenta solo il corrispettivo del recesso.

---

[165] D'AVANZO op. cit..
[166] Per Cass. n. 4628 del 1979, la caparra avrebbe normalmente carattere confirmatorio. Contra Cass. n. 5777 del 1983, che , invece, ritiene occorra un'espressa indicazione delle parti.

15. Recesso per Giusta Causa

Nozione

Talvolta, per volontà delle parti o della legge, il recesso è condizionato alla esistenza di una circostanza giustificativa, chiamata giusta causa. Un evento, fatto obiettivo, che può derivare anche dalla condotta di una delle parti, che renda non tollerabile per l'altra la continuazione del rapporto. [167 clxvii]

Si tratta di eventi successivi alla conclusione del contratto, la cui mancata realizzazione incide sulla causa del contratto, rendendolo invalido. Per cui l'esercizio del diritto di recesso, che pur rimane un diritto potestativo, capace di intaccare la sfera giuridica altrui, non è arbitrario, è soggetto al controllo delle parti o del giudice sulla verifica o meno del presupposto della giusta causa, che opera oggettivamente sul negozio senza necessità di riferire il fatto alle parti in termini d'imputabilità. [168 clxviii]

Soggezione

Nel recesso per giusta causa, a differenza del recesso acausale o puro e semplice o ad nutum, la posizione del contraente receduto non può essere considerata come di mera soggezione. La situazione giuridica di cui è investito il destinatario del recesso, è simile a quella dell'interesse legittimo, in quanto non è protetta in via diretta, ma in funzione della conformità dell'esercizio del potere di recesso rispetto al suo fine e ai limiti di legge. Per cui il potere è soggetto al controllo del giudice sull'esistenza della causa, che giustifica il recesso, incombendo su chi recede l'onere probatorio sulle circostanze di fatto, che hanno determinato l'esercizio del diritto di recesso e il conseguente scioglimento del rapporto contrattuale. [169 clxix]

Natura

La tesi secondo la quale la giusta causa rappresenterebbe un caso di rilevanza giuridica dei motivi, che giustifica e determina

---

[167] SANGIORGI, voce Giusta causa, in Enc. dir., vol. XIX, 1970, p. 547.
[168] BETTI, Teoria generale del negozio giuridico, cit., p. 180.
[169] ROSELLI, cit.. Cass. n. 8933 e 8934 del 1998.

la volontà interna delle parti all'atto, non può essere accolta. I motivi, che hanno determinato il recesso, non devono essere espressi. Infatti, la giusta causa ricorre <u>indipendentemente dalla particolare ragione, che ha spinto la parte a concludere il negozio</u>.[170]

Causa

La giusta causa riguarda, invece, <u>la circostanza oggettiva per la quale l'atto viene compiuto.</u> Ha rilievo solo il <u>nesso oggettivo tra la giusta causa e l'atto, che essa condiziona.</u> Pertanto, la giusta causa <u>entra nella struttura causale dell'atto di recesso, condizionandone la giuridica rilevanza.</u> Solo se realizza quell'interesse, l'atto può essere ritenuto <u>meritevole di tutela. In mancanza di giusta causa il recesso è nullo per difetto di causa.</u> La giusta causa rappresenta, quindi, <u>la ragione essenziale e il fondamento del diritto potestativo di recesso.</u> Senza giusta causa non ci può essere recesso.

Causa remota

La giusta causa permea la struttura del contratto in senso diverso rispetto alla causa tipica e invariabile. Pur essendo un <u>presupposto oggettivo</u> dell'atto, costituisce una <u>causa specifica, non fissa e tipica, ma variabile da caso a caso.</u> Perciò si parla a proposito di essa, di <u>causa remota</u>. Rilevante al pari della causa tipica e capace di incidere sulla giuridica validità dell'atto di recesso.[171]

Causa putativa

La <u>giusta causa putativa</u>, ritenuta <u>erroneamente esistente dalle parti,</u> non ha rilievo giuridico. Infatti, la giusta causa riguarda un interesse, una circostanza, che deve essere <u>oggettivamente esistente</u>, soggetta eventualmente al <u>controllo ed alla valutazione del giudice.</u> Penetrando <u>nella struttura causale del negozio, è un elemento oggettivo e non soggettivo.</u> Per tale ragione risulta <u>irrilevante il nesso psicologico</u> e individuale della circostanza ri-

---

[170] DEIANA, I motivi nel diritto privato, Torino, 1939, p. 50 ss.; CALLEGARI, Il recesso, cit., p. 229 ss.; MESSINEO, Dottr. gen., cit., p. 526. Cass. n. 2830 del 1956.
[171] LAVAGGI, Osservazioni sul recesso unilaterale del contratto".

spetto al soggetto, che abbia reputato per errore sussistere o essere sufficiente una giusta causa, che nella realtà oggettiva non esiste o non ha i requisiti richiesti.

Fonti
La giusta causa può derivare, come si è detto, da una norma di legge o dall'accordo delle parti. Quindi, in determinate ipotesi di recesso legale o convenzionale il diritto di recedere può essere subordinato all'esistenza di un particolare interesse, obiettivamente esistente, che solo ed esclusivamente sia idoneo a giustificare lo scioglimento del rapporto. Se la giusta causa non sia stata prevista né dalla legge per il particolare negozio giuridico, né dalle parti, il giudice non può, in via interpretativa della volontà contrattuale, condizionare il recesso alla sussistenza di una giusta causa. [172] [clxxii]

Recesso causale
Il recesso per giusta causa è chiamato anche recesso causale, per distinguerlo dal recesso acausale o recesso puro e semplice o recesso ad nutum. [173] [clxxiii]

Attualmente per la protezione di particolari interessi meritevoli di tutela giuridica, si assiste a una sempre maggior previsione legislativa di casi di recesso per giusta causa, mentre le ipotesi di recesso puro e semplice tendono a diminuire. [174] [clxxiv]

Rapporti a tempo indeterminato
Il recesso per giusta causa nei rapporti a tempo indeterminato produce conseguenze diverse da quelle previste per il recesso puro e semplice. Infatti, nei contratti a tempo indeterminato, il recesso è stabilito in base a un principio generale dell'ordinamento giuridico. In questo caso la giusta causa non condiziona l'esistenza del diritto di recesso, ma incide sui gli eventuali particolari oneri o obbligazioni, previsti dalla legge o dal contratto a carico del recedente, che vengono a cadere, se il recesso sia giustificato dalla giusta causa. In mancanza di giusta causa il rece-

---

[172] Vedi: Cass. n. 1888 del 1974.
[173] Vedi ante p. 34, Cap. VI.
[174] SANGIORGI, Recesso, cit.

dente è tenuto al rispetto degli oneri e condizioni previste per l'esercizio del diritto di recesso. In particolare l'esistenza della giusta causa di solito consente di recedere <u>senza rispettare l'onere di preavviso e/o il versamento della multa penitenziale</u>. La mancanza della giusta causa, nei contratti che si prolungano senza un termine, non può comportare, invece, l'automatica conversione del recesso con giusta causa in un recesso puro e semplice. [175] [clxxv]

Risoluzione

Il recesso costituisce un caso di <u>risoluzione negoziale</u>, collegato in qualche modo alla <u>risoluzione giudiziale</u>. Il recesso con giusta causa in particolare è stato avvicinato alla <u>risoluzione per inadempimento</u>. [176] [clxxvi]

Ma la giusta causa presuppone una valutazione oggettiva, che la distingue nettamente dall'ipotesi della risoluzione per inadempimento dal punto di vista operativo. [177] [clxxvii]

Lavoro

Il recesso per giusta causa è in modo significativo previsto dalla legge nel <u>contratto di lavoro</u> (art. .2237, II comma c.c.). Infatti, in relazione alla particolare natura e funzione del contratto, il legislatore ha ritenuto opportuno prevedere un controllo sulla causa del recesso stesso. Soprattutto in considerazione della tutela <u>dell'interesse del lavoratore subordinato alla stabilità del rapporto</u>. Interesse costituzionalmente sancito agli art. 4 e 36 della Costituzione, che ha portato alla formulazione di una normativa speciale, che limita la facoltà del datore di lavoro di recedere ad nutum, pur prevista dall'art. 2118 del codice civile. Il datore di lavoro può recedere dal contratto di lavoro solo per giusta causa (o per giustificato motivo).

La tendenza legislativa attuale, si dice per incentivare le assunzioni e rivitalizzare il mercato del lavoro, in tal modo assecon-

---

[175] Cass. n. 2841 del 1956, VERCELLONE, Licenziamento per giusta causa, Rassegna di giurisprudenza in Diritto dell'economia, TABELLINI, Il recesso. cit., p. 87.
[176] BIANCA, cit., p. 698
[177] SANGIORGI, cit., p. 6.

dando un desiderio della classe imprenditoriale, è quella inversa di ridurre le ipotesi di recesso causale e ampliare quelle di recesso acausale o puro e semplice. In questo senso si spiega l'ultima riforma in materia di legislazione sul lavoro chiamata "jobs act", che ha convertito la tutela reale del licenziamento senza giusta causa in tutela obbligatoria. [178 clxxviii]

Giustificato motivo

Nella legislazione del lavoro si parla oltre che di giusta causa, anche di giustificato motivo. Mentre la giusta causa si riferisce esclusivamente ad eventi e interessi, che riguardano il contratto di lavoro. I giustificati motivi sono relativi a fatti estranei al contratto, capaci di influire sul rapporto di lavoro, provocandone lo scioglimento attraverso l'esercizio del diritto di recesso. Quando il legislatore si affida alle formule generali della giusta causa o giustificato motivo per legittimare il recesso, il potere di controllo del giudice e le possibilità di recesso sono più ampie, riferite ad una serie di ipotesi piuttosto che a un singolo evento particolare, ma allo stesso tempo il diritto di recesso non è arbitrario, poiché ancorato ad una determinata fattispecie. [179 clxxix]

Locazione

Altra materia in cui è particolarmente previsto il recesso per giusta causa, in considerazione di interessi di ordine e impatto sociale, è quella della locazione di immobili urbani. Se non sia prevista nel contratto, la possibilità di recedere del conduttore può avvenire solo in presenza di gravi motivi (art. 4 L. n. 392 del 1978). Il recesso del locatore, invece, ai sensi dell'art. 3 della legge n. 431 del 1998, è stabilito per un serie particolare di ragioni, che secondo una parte della dottrina equivarrebbero a una assoluta e libera facoltà di recesso, che sarebbe in contrasto con

---

[178] SCOGNAMIGLIO, op. cit., p. 295. PERA, La cessazione del rapporto di lavoro, Padova, 1980, pp. 1-7.
[179] SANGIORGI, Recesso, cit., n. 5.1. ROSELLI, Il controllo della Cassazione civile sull'uso delle clausole generali, Napoli, 1983.

l'esigenza, connessa a principi di rango costituzionale, di assicurare ai cittadini la continuità nel godimento dell'abitazione.[180]

Appalto L'esercizio del diritto di recesso è condizionato al verificarsi di determinati presupposti anche in materia d'appalto. Infatti, a norma del primo e secondo comma dell'art. 1660 del cod. civ., il recesso dell'appaltatore e quello del committente possono avvenire solo in presenza di variazioni di prezzo di notevole entità. Inoltre, gli eredi dell'appaltatore possono recedere dal contratto, concluso dal loro dante causa, solo nell'ipotesi di non affidamento nella buona esecuzione dell'opera (art. 1674, I co c.c.).

Mandato Anche per il mandato la legge prevede il recesso per giusta causa, anche se il codice civile all'art. 1725 utilizza il termine di revoca per giusta causa, per indicare quello che è in realtà un vero e proprio diritto di recesso.

Comodato Altro caso di recesso per giusta causa è stabilito dall'art. 1809 del cod. civ per il comodato. Il recesso del comodante è subordinato all'urgente e imprevisto bisogno della cosa.

Assicurazione Per il contratto d'assicurazione il recesso è consentito in caso di variazioni del rischio assicurato (artt. 1897 e 1898 c. c.).

Altre ipotesi Altre ipotesi di recesso per giusta causa si rinvengono nella disciplina del codice civile nell'ambito del contratto di agenzia all'art.1750 cod. civ. e per l'apertura di credito bancario ex art.1845 del cod. civ. La banca può recedere dall'apertura di credito solo per giusta causa. Nelle società di persone tutti i soci possono recedere dalla società quando sussiste una giusta causa (art. 2285 cod. civ.). Nella disciplina del contratto in generale è previsto, che i contraenti possano recedere in caso di sopravvenuta impossibilità parziale della prestazione (art. 1464 cod. civ.).

---

[180] BRECCIA, Il diritto all'abitazione, Milano, 1980, p. 198., D'AVANZO, op. cit., p. 1036.

16. Recesso legale

A. Generalità

Nozione

Quando si parla di recesso legale, si vuole fare riferimento a tutte le ipotesi di recesso previste dalla legge per i contratti contenuti nel codice civile e nelle leggi speciali.

Figura generale

Riteniamo che l'istituto del recesso non possa considerarsi di carattere eccezionale, rispetto alla regola stabilita dall'art. 1372 del cod. civ. (come più ampiamente detto, v. cap. 5), contrariamente a quanto affermato da una parte della dottrina e della giurisprudenza, ma una figura unitaria all'interno di una categoria generale di negozi, aventi una stessa funzione.

Analogia e derogabilità

Per cui le norme sul recesso convenzionale, così come quelle che disciplinano il recesso legale, sono suscettibili di applicazione analogica e sono derogabili, se non previste da disposizioni cogenti. [181] [clxxxi]

Le scarne norme, peraltro derogabili, previste dal codice civile per il recesso convenzionale dall'art.1373, tolgono peso alla questione dell'applicabilità della disciplina del recesso convenzionale a quella specifica e puntuale del recesso legale. [182] [clxxxii]

Per converso non si ritiene, sia applicabile al recesso convenzionale la disciplina del recesso legale, almeno per quelle norme imperative e inderogabili, che, in quanto eccezionali rispetto al principio generale dell'autonomia e libertà contrattuale, non siano suscettibili di applicazione analogica. [183] [clxxxiii]

---

[181] GABRIELLI, op. cit., p. 107 e ss., che si sofferma sui limiti del recesso convenzionale.
[182] Vedi MIRABELLI, op. cit..
[183] Cass. n. 2417 del 1971.

C. atipici a tempo
indeterminato   Essendo previsto <u>nei contratti a tempo indeterminato da un principio generale dell'ordinamento giuridico</u> (cfr. cap. 11 pp. 60 e ss.), che si ricava proprio dalle numerose norme, che disciplinano il recesso legale, il recesso è un diritto attribuito ai contraenti, nei contratti che si prolungano nel tempo senza un termine finale, non solo se stabilito dal contratto o dalla legge espressamente nei contratti tipici o regolamentati, ma <u>anche in tutti i contratti atipici e di nuova creazione.</u>

Contraente
debole   Dall'esame complessivo dei dati normativi si ricava che il recesso legale è spesso attribuito <u>in favore di uno dei contraenti,</u> quello socialmente ed economicamente più debole. Così come accade per la <u>locazione di immobili urbani</u> (artt. 4 e 27, 1. n. 392 del 1978). Una normativa speciale è dedicata al contratto di lavoro subordinato per la tutela dei diritti e interessi del lavoratore, ritenuto contraente debole.

Normativa
Inderogabile   Per alcuni tipi contrattuali, la legge stabilisce una <u>normativa inderogabile</u> per il recesso. Così per il contratto di <u>lavoro subordinato</u> (artt. 2118 e 2119 c. c., come modificati dalla 1. n. 604 del 1966, e dallo statuto dei lavoratori) e per l'assicurazione (art. 1932 c.c.).

Terminologia   Nella disciplina dei contratti tipici prevista dal codice civile, si rinviene, talvolta, l'utilizzo di <u>terminologia non appropriata,</u> per cui alcune figure particolari di recesso ricevono varie denominazioni.

Si parla, ad esempio, di <u>revoca</u> nelle ipotesi contemplate nei seguenti articoli del codice civile: nell'art. 1734 per la <u>commissione,</u> dall'art. 1738 per la <u>spedizione,</u> nel 2° comma dell'art. 1958 per il <u>mandato di credito,</u> nell'art. 1990 per la <u>revoca della promessa unilaterale.</u> Tutte queste devono propriamente considerarsi ipotesi di recesso, così come quelle previste dagli articoli: 1722, 1723, 1724, 1725 e 1727 del cod. civ. per il mandato, dove variamente sono utilizzati i termini di revoca e rinunzia.[184]

Per il trasporto dall'art. 1685 c.c., per il deposito dall'art. 1771 c.c., per il comodato dall'art. 1809 c.c. e per il deposito bancario dall'art. 1834 c.c., sono, invece, adoperati i termini di restituzione e ritiro, per indicare dei veri e propri casi di recesso.

I termini di disdetta per l'affitto (art.1627 c.c.) e le locazioni in genere, di scioglimento del contratto per la mezzadria (art. 2159 c.c.) e la soccida (art. 2180 c.c.) e quello di vendita dei titoli in garanzia per l'anticipazione bancaria (art. 1850) sono indicativi di ulteriori ipotesi di recesso sparse nella disciplina del codice civile e nelle leggi speciali.

Nel contratto di lavoro subordinato il recesso del datore di lavoro è chiamato licenziamento, quello del lavoratore prende il nome di dimissioni.

C. tipici a tempo indeterminato

Il recesso è previsto come ipotesi costante e generale in tutti i contratti a tempo indeterminato regolamentati dal codice civile. Cosi, ad esempio, nella somministrazione a tempo indeterminato (art. 1569 c.c.), nella locazione a tempo indeterminato (art. 1596 c.c.), nell'affitto senza determinazione di tempo (art. 1616 c.c.), nell'affitto di fondi rustici senza determinazione di tempo (art. 1630 c.c.), nella revoca del mandato a tempo indeterminato (art. 1725, cpv. c.c.), nell'agenzia a tempo indeterminato (art. 1750 c.c.), nel comodato senza determinazione di durata (art. 1810 c.c.), nel conto corrente senza determinazione di tempo (art. 1833 c.c.), nell'apertura di credito a tempo indeterminato (artt. 1845 c.c.), nelle operazioni bancarie in conto corrente a tempo indeterminato (art. 1855 c.c.), nel contratto di assicura-

---

[184] BETTI, Teoria generale del negozio giuridico, Torino, 1950, p. 505; CIMMINO, Il recesso unilaterale dal contratto, pp. 4-7; CICOGNA, Recesso e figure affini.

zione poliennale (1899 c.c.) e nel contratto di lavoro subordinato a tempo indeterminato (artt. 2118, 2119 c.c.). Da tutte queste norme si desume, che il recesso nei contratti a tempo indeterminato costituisce un diritto, stabilito da un principio generale dell'ordinamento giuridico.

Giusta causa   Molte delle norme nei vari contratti tipici delineano ipotesi di recesso per giusta causa. Tale deve intendersi, ad esempio, il recesso del compratore nella compravendita immobiliare (art. : 1538, 1539 c.c.). Anche il recesso dell'assicuratore nel contratto di assicurazione (art.: 1893, 1897, 1898, 1918 c.c.) è recesso per giusta causa. Altri casi di recesso per giusta causa si rinvengono nel contratto di somministrazione a tempo indeterminato (art. 1569 c.c.), nel contratto di locazione di immobili urbani per il recesso degli impiegati pubblici (art. 1613 c.c.), nel contratto di appalto per il recesso del committente (artt. 1660, 3° comma e 1674 c.c.) ed il recesso dell'appaltatore (art. 1660, 2° comma c.c.), nell'apertura di credito bancario, (art. 1845 c.c.) e nel contratto di lavoro per il recesso previsto dall'art. 2119 del codice civile. La cosiddetta revoca della promessa unilaterale (art. 1990 c.c.) è una ipotesi di recesso per giusta causa. Impropriamente chiamata revoca, in quanto opera ex nunc.

R. con penale   In molti casi il codice prevede, che il diritto di recesso possa essere esercitato solo previo pagamento di una multa penitenziale. Tale è, ad esempio, il recesso del committente previsto per il contratto di appalto dall'art. 1671 c.c., il diritto di ritiro del mittente nel trasporto di cose (art. 1685 c.c.) e il recesso del debitore nella cessione dei beni ai creditori (art. 1985 c.c.).

Recesso con
preavviso   Nella disciplina di alcuni contratti tipici il recesso può avvenire solo previo preavviso. Così, ad esempio, nel contratto di agenzia (art. 1750 c.c.), nel contratto di conto corrente a tempo indeterminato (art.: 1833 e 1855 c.c.), nel contratto di assicurazione per il recesso dell'assicuratore nei contratti poliennali (art.

1899 c.c.), nel contratto di somministrazione a tempo indeterminato (art. 1569 c.c.) e nel contratto di lavoro (art. 2118 c.c.). [185]

R. ad nutum   Alcune volte la legge concede ad uno dei due contraenti il diritto di recedere ad nutum in qualsiasi momento. Ipotesi di questo tipo sono costituite, per esempio, dal recesso previsto per il committente nel contratto di appalto (art. 1671 c.c.), per la revoca del mandato da parte del mandante (art. 1723 c.c., 1° co.), per il recesso del committente dal contratto d'opera (art. 2227 c.c.) e per il recesso del cliente dal contratto concluso con il professionista (art. 2237, 1° co).

B. Assicurazione

Art. 1893 c.c.   Nel contratto di assicurazione, il recesso dell'assicuratore previsto dagli articoli: 1893, 1897, 1898, 1918 del codice civile è sempre un recesso per giusta causa. In particolare l'art. 1893 condiziona il recesso dell'assicuratore alle dichiarazioni inesatte e reticenti dell'assicurato.

Gli articoli 1897 e 1898 lo subordinano rispettivamente a una diminuzione o aggravamento del rischio.

Art. 1918 c.c.   Per l'art. 1918 del cod. civ. è giusta causa di recesso dell'assicuratore l'alienazione della cosa assicurata, compiuta dell'assicurato.

Art. 1898 c.c.   Il diritto di recesso attribuito all'assicuratore dall'art. 1898 c.c. deve essere fatto con preavviso, salvo il caso in cui l'aggravamento del rischio è tale per cui l'assicuratore non avrebbe consentito l'assicurazione.

---

[185] Cfr. VERCELLONE, Disdetta, recesso discrezionale recesso per giusta causa, con riferimento al contratto di agenzia, in Diritto dell'economia, 1957, pp. 314 e ss.

Art. 1899 c.c.   Anche per l'art. 1899 del codice civile il recesso nei <u>contratti poliennali</u>, che si avvicina al recesso nei contratti a tempo indeterminato, deve essere fatto con preavviso.

Art. 1932 c.c   Le disposizioni contenute negli articoli: 1893, 1897, 1898 e 1899 del codice civile, per il c.d. recesso legale dell'assicuratore, sono immodificabili dalle parti contrattuali, in quanto definite <u>inderogabili</u> dall'art. 1932 dello stesso codice.

C. Appalto

Art. 1671 c.c.   L'art. 1671 del cod. civ., in materia d'<u>appalto,</u> prevede il diritto potestativo di recesso, rimesso alla <u>mera volontà del committente</u>, che può essere esercitato ad nutun e <u>in qualsiasi momento, senza che sia necessario addurre alcuna giustificazione.</u> In deroga alla regola stabilita dal secondo comma dell'art. 1373 c.c. per il recesso convenzionale, la facoltà di recesso è attribuita dalla legge, <u>anche quando il contratto abbia avuto un principio d'esecuzione</u> con l'iniziata l'esecuzione dell'opera o la prestazione del servizio. La soggezione del contraente receduto è controbilanciata <u>dall'obbligo del recedente di tenere indenne l'appaltatore delle spese</u> sostenute, dei lavori eseguiti e del mancato guadagno. Tale indennità può essere determinata con <u>gli stessi criteri, previsti dalla legge per la liquidazione di ogni altro danno</u> causato a terzi. [186][clxxxvi]

C. d'opera   La stessa regola di cui al predetto art. 1671 del codice civile è prevista per il <u>contratto d'opera</u> dall'art. 2227 del cod. civ. e per la <u>prestazione dell'opera intellettuale del professionista</u> dall'art. 2237 del cod. civ..

---

[186] Cfr. Cass. n. 2484 del 1967. DE BON, Appalto privato, in AA.VV., Recesso e risoluzione, p. 469.

Art. 1660 c.c.   Sempre in tema di appalto l'art. 1660 del cod. civ. attribuisce il diritto di recesso sia per il committente, che per l'appaltatore, se siano <u>intervenute variazioni di notevole entità per l'esecuzione dell'opera</u>. In tute e due le ipotesi il committente deve <u>corrispondere un equo indennizzo all'appaltatore</u>.

Art. 1674 c.c.   Al committente la legge consente di recedere, ex art. 1674 del cod. civ., quando sia <u>morto l'appaltatore e i suoi eredi non diano affidamento per la buona esecuzione dell'opera o del servizio</u>.

D. Vendita Immobiliare

Le ipotesi di ricesso, ai sensi del secondo comma dell' art. 1537 e del secondo comma dell'art. 1538 del codice civile, sono relative al recesso <u>del compratore dal contratto di vendita immobiliare, stabilita rispettivamente a misura o a corpo.</u> Si tratta di due casi di <u>recesso per giusta causa</u>. Il recesso è subordinato al verificarsi della circostanza della <u>sproporzione del prezzo</u>, superiore o inferiore di un ventesimo rispetto a quello indicato nel contratto. Si ritiene che le due norme abbiano carattere <u>dispositivo</u>, per cui le parti potrebbero <u>escludere la facoltà di recesso</u> e prevedere che in ogni caso, anche nell'ipotesi dello scostamento di un ventesimo, il compratore abbia diritto soltanto a una diminuzione o debba corrispondere un supplemento di prezzo. La particolarità del recesso in materia di vendita immobiliare risiede nel fatto, che il compratore recede da un <u>contratto, che ha già prodotto i suoi effetti reali</u>. È lo stesso legislatore a parlare di recesso nelle predette ipotesi, le quali rappresentano un eccezione rispetto al principio della non retroattività del recesso, che opera di regola solo ex nunc. Per cui non può accogliersi la tesi secondo cui, nel caso di specie, non potrebbe parlarsi di recesso, ma di condizione risolutiva.[187][clxxxvii]

E. Contratti Reali

Restituzione — Nei contratti reali, quei contratti che si perfezionano con la consegna di un bene, come si è già detto, la legge utilizza il termine restituzione della cosa. Così, ad esempio, nel deposito all'art. 1711 del cod. civ.; nel deposito bancario all'art. 1834 c.c.; nel comodato agli articoli del codice civile: 1804, 1809, 1810, 1811; nel mutuo all'art. 1819 del cod. civ. e nel sequestro convenzionale all'art. 1801 c. c.. Tutte queste costituiscono ipotesi di recesso, per cui la richiesta di restituzione deve ritenersi equivalente all'esercizio del diritto di recesso, con conseguente scioglimento di un rapporto di durata.

Mutuo — Per il mutuo in particolare, essendo un contratto ad effetti reali, si è in presenza di un ulteriore eccezione al principio della irretroattività del recesso.[188][clxxxviii]

F. Società

S. di persone — Nelle società di persone ciascun socio ha il diritto di recedere dalla società, cioè di manifestare liberamente la volontà di uscire dalla società, sia pure con un preavviso di tre mesi, se la società è contratta a tempo indeterminato o per tutta la vita di uno dei soci.

Se, invece, la società è a tempo determinato, la possibilità

---

[187] Per LAVAGGI, op. cit., p. 1056, le norme di cui agli artt. 1537 e 1538 c.c. non contemplano ipotesi di recesso. Sarebbero, invece, fattispecie risolutive del contratto. Infatti, ritiene che, il recesso non possa assolutamente operare, quando gli effetti del contratto si siano già prodotti.
[188] MANCINI, op. cit., pp. 157-203.

di recesso volontario è limitata all'ipotesi in cui la facoltà di recesso sia prevista dal contratto sociale oppure sussista una giusta causa. La quale potrebbe essere rappresentata, in ultima analisi, dalla circostanza del dissidio insanabile tra i soci, tale che non consenta la normale prosecuzione del rapporto sociale. Purché, la causa non sia imputabile solo al socio, che intende recedere.

Circa le modalità di esercizio del diritto di recesso, la legge non richiede forme particolari, essendo sufficiente una dichiarazione comunicata, anche verbalmente agli altri soci.

Il recesso rappresenta un caso di scioglimento parziale del contratto sociale limitatamente al socio. Pertanto, a seguito del recesso, il socio uscente ha diritto alla liquidazione della sua quota. La liquidazione avviene mediante il pagamento di una somma di denaro, da effettuarsi entro sei mesi dal giorno in cui si è verificato il recesso (art. 2289 c.c.).

Il valore della quota si determina in base alla situazione patrimoniale della società nel giorno in cui si verifica il recesso, tenendosi conto del valore effettivo dei beni e dell'avviamento.

S. di capitali — Nelle società di capitali il recesso è possibile solo in presenza delle cause stabilite dalla legge. Può recedere dalla società di capitali, il socio che dissenta dalle deliberazioni riguardanti il cambiamento dell'oggetto o del tipo della società o il trasferimento della sede sociale all'estero o soltanto per le altre cause indicate dall'art. 2437 c. c..

C. plurilaterali — In tutti i contratti plurilaterali, com'è di solito quello sociale, il recesso, facendo cessare il vincolo soltanto nei confronti di una delle parti, non provoca lo scioglimento del rapporto, che rimane in vita nei confronti delle altre parti (art. 2285 c.c.).

G. Codice del Consumo

Normativa

Il codice consumo per la <u>tutela del consumatore</u>, parte contrattuale socialmente ed economicamente debole, bisognosa di protezione nei confronti del venditore, chiamato professionista, attribuisce un <u>diritto di recesso ad nutum senza il pagamento di alcuna penalità e senza che si debba specificarne il motivo,</u> per tutti quei contratti conclusi con mezzi e modalità tali da impedirgli una adeguata e ponderata valutazione. Si tratta di contratti <u>conclusi in serie</u> con clausole predisposte dal professionista attraverso moduli e formulari o che fanno riferimento a condizioni generali di contratto o di contratti negoziati fuori dai locali commerciali e a distanza attraverso l'uso del telefono o in via telematica, con consegna della merce spedita in tempo successivo alla conclusione.

Il diritto di <u>recesso può essere esercitato entro quattordici giorni dal ricevimento della merce,</u> consentendo al consumatore di pentirsi e sciogliersi unilateralmente dal contratto, <u>riconsegnando il bene acquistato</u>. In tema di <u>servizi in genere e servizi finanziari</u> in particolare, il termine per il recesso decorre <u>dal giorno della conclusione del contratto</u>.

In questi casi il recesso opera in deroga alla regola, prevista per il recesso convenzionale dal primo comma dell'art. 1373, anche <u>dopo che il contratto abbia avuto un principio di esecuzione,</u> ossia dopo che la merce è stata consegnata o il servizio prestato. [189] [clxxxix]

Clausole vessatorie

Nei contratti in serie o a contenuto predeterminato, il disponente professionista inserisce di solito delle clausole particolarmente vantaggiose per sé.

Tali contratti deviano, infatti, dallo schema generale previsto

---

[189] DE NOVA, Le clausole vessatorie, Milano, 1996, p. 22; FRANZONI, op. cit., p. 350.

dal codice civile per la conclusione e formazione del negozio. La tutela dell'interesse generale alla circolazione dei beni, prodotti su larga scala e in serie, giustifica il sacrificio dell'autonomia e libertà contrattuale, consentendo al produttore o venditore di predisporre in toto il regolamento contrattuale. Per cui il consumatore non partecipa all'attività di formazione del contratto, predisposto interamente dalla controparte, non avendo di regola neppure il potere di discutere e modificarne il contenuto, con la sola possibilità di non concludere il contratto, rinunciando all'acquisto di quel bene o servizio.

Il professionista, di cui parla il codice del consumo, non è il prestatore di opera intellettuale di cui agli artt. 2229 ss. Del cod. civ., ma l'imprenditore individuale o società, persona giuridica, ente o persona fisica, che cede beni o servizi prodotti in serie ai consumatori, contraenti ritenuti deboli, in quanto costretti a subire condizioni contrattuali, imposte dal professionista.

L'art. 33 del codice del consumo considera vessatorie, fino a prova contraria, le clausole predisposte, che, malgrado la buona fede, comportano un significativo squilibrio dei diritti e degli obblighi a danno del consumatore. Le clausole vessatorie si considerano nulle. Trattasi di una nullità di protezione, così come definita dallo stesso codice, poiché può essere fatta valere solo dal consumatore e rilevata d'ufficio dal giudice. La nullità delle clausole vessatorie è nullità parziale, che non travolge l'intero contratto, il quale resta valido. Quindi le clausole sono inefficaci e si considerano come non apposte, in quanto nulle ma non tali da ritenersi essenziali ai sensi dell'art. 1419, c. 1° comma, del cod. civ.

Tra le clausole presunte, fino a prova contraria, come vessatorie, a norma del codice di consumo, sono particolarmente significative alcune riguardanti il diritto di recesso. Come quella che consente al professionista di trattenere una somma di denaro versata dal consumatore, se quest'ultimo recede, senza prevedere il diritto del consumatore di esigere dal professionista il doppio della somma corrisposta, se sia quest'ultimo a recedere. È ritenta vessatoria anche la clausola, che riconosce al solo professionista e non anche al consumatore la facoltà di recedere dal contratto, nonché quella che consente al professionista di trattenere, anche solo in parte, la somma versata dal consumatore a titolo di corrispettivo per prestazioni non ancora adempiute, quando sia il professionista a recedere dal contratto. Ugualmente vessatoria si considera la clausola, che consente al professionista di recedere da contratti a tempo indeterminato senza un ragionevole preavviso, tranne nel caso di giusta causa. Comunque, de iure condendo, l'obbligo del preavviso nei contratti a tempo indeterminato dovrebbe essere sempre imposto in ogni caso ai contraenti dal principio di buona fede. [190] [cxc]

Il codice del consumo stabilisce i criteri idonei all'accertamento in concreto della vessatorietà delle clausole predisposte. Che non sussisterebbe, qualora il professionista dimostrasse il giusto motivo del recesso e l'assenza del significativo squilibrio dei diritti e degli obblighi delle parti oppure che la clausola è stata oggetto di trattativa individuale.

H. Trasferimento d'azienda

Normativa   La legge stabilisce, che, se non è pattuito diversamente, l'acquirente subentra automaticamente nei contratti, stipulati dall'alienante nell'esercizio dell'impresa, sempre che, i contratti conclusi, non abbiano carattere personale (art. 2558, 1° comma c.c.).

---

[190] DE NOVA, Recesso, op. cit., p. 320.

Quindi, tutti i contratti relativi all'esercizio dell'impresa o ai beni aziendali si trasferiscono all'imprenditore acquirente, senza che occorra chiedere il consenso di tutti i terzi contraenti. Secondo le regole generali in materia di cessione del contratto o di accollo del debito, nessun contratto potrebbe cedersi o alcun accollo potrebbe farsi senza il consenso della controparte contrattuale. La quale nei vari contratti d'azienda o d'impresa è rappresentata da tutti i lavoratori, i fornitori, i locatori o affittuari dei beni aziendali, i clienti dell'impresa, le banche o i finanziatori, che hanno concesso prestiti, ecc. Se si dovesse richiedere il consenso di questi soggetti al trasferimento d'azienda, nessun contratto di trasferimento potrebbe mai avvenire.

La legge nel conflitto degli interessi, coinvolti a vario titolo nella vicenda del trasferimento d'azienda, ha compiuto la scelta di privilegiare l'interesse alla circolazione dei beni, nel caso particolare delle aziende, sacrificando gli interessi dei terzi contraenti, a non essere vincolati da un contratto con una controparte diversa da quella verso la quale hanno prestato il loro consenso. Il sacrificio dell'autonomia e libertà contrattuale è giustificato dal superiore interesse collettivo alla libera circolazione dei beni. Il legislatore si è preoccupato con tale norma, di <u>favorire il trasferimento di tutti gli elementi aziendali</u> e di tutti i rapporti conclusi nell'esercizio dell'impresa per il collocamento sul mercato dei beni e servizi prodotti. Pertanto, <u>in deroga al principio generale sancito dall'art. 1406 c.c.</u>, la cessione di tutti i contratti d'azienda e d'impresa avviene <u>senza bisogno del consenso della controparte del rapporto</u> <u>o terzo contraente.</u>

Contratti personali

Sono esclusi da questa deroga alla disciplina generale i soli contratti personali, per la cessione dei quali occorre chiedere il consenso dei terzi contraenti. Per contratti personali devono intendersi <u>quelli in cui la persona e le qualità del terzo contraente sono determinanti del consenso dell'imprenditore alienante, e ,</u>

viceversa, quelli in cui la persona e le qualità dell'imprenditore alienante sono determinanti del consenso del terzo contraente. Tali contratti, come l'appalto, il contratto d'opera e pochi altri, si fondano sostanzialmente o esclusivamente sulla fiducia delle parti.

Recesso del terzo contr.

Nella vicenda della cessione d'azienda sono coinvolti tre soggetti: l'imprenditore alienante, che è colui che cede l'azienda; l'imprenditore acquirente, che è colui che subentra e il terzo contraente, che è colui che ha concluso un contratto con l'imprenditore alienante. Come, per esempio, tutti i lavoratori dell'impresa, i fornitori, le banche ecc..

Salvo patto espresso contrario, i contratti personali non si trasferiscono all'imprenditore acquirente. La legge vuole tutelare l'acquirente a non essere vincolato da contratti personali per l'alienante.

Il trasferimento dei contratti personali, dunque, avverrà secondo la disciplina di diritto comune della cessione del contratto, che richiede sia un'espressa pattuizione contrattuale fra l'alienante e l'acquirente dell'azienda, sia il consenso del contraente ceduto o terzo contraente

Nel caso di cessione di contratti personali il terzo contraente è tutelato, essendogli attribuito, in presenza di una giusta causa, la possibilità di recedere dal contratto. La giusta causa può essere rappresentata proprio dalla tipologia di contratto personale, che lo legava all'imprenditore alienante. Il recesso ha luogo con effetto dal momento del ricevimento della notizia del trasferimento dell'azienda.

Per recedere, la comunicazione deve essere inviata entro tre mesi dalla notizia del trasferimento (art. 2558, 2° comma, c.c.). In questo caso il recesso estingue il rapporto, ma l'alienante resta responsabile per il danno eventualmente subito dalla controparte recedente. La facoltà di recesso, come abbiamo detto, non è lasciata al discrezionale arbitrio del terzo contraente: essa può essere esercitata soltanto se sussista una giusta causa.

17. Figure affini

A. Disdetta e recesso

Nozione

La <u>disdetta e la licenza</u> (o denunzia), la quale ultima attiene più propriamente alla fase processuale (2 comma dell'art. 1586 c.c., art. 1613 capov. c.c., 1630 terzo comma c.c.), sono previste in materia di <u>locazione o in quei contratti a tempo determinato o con durata stabilita dalla legge</u> (artt.: 1574, 1596 e 1597 c.c.). Esse hanno l'effetto di <u>impedire, alla scadenza del termine, una rinnovazione tacita e automatica del contratto per un eguale periodo</u>. Le leggi speciali in materia di locazioni di immobili urbani disciplinano le condizioni e le modalità della disdetta (artt. 2 e 3, L. 9 dicembre 1998, n. 431; artt. 28 e 29, L. 27 luglio 1978, n. 392).

Preavviso e giusta causa

La disdetta, prevista per non lasciar proseguire l'efficacia del contratto al di là della scadenza del termine, deve essere accompagnata da un termine di <u>preavviso</u>, in mancanza del quale o di una <u>giusta causa</u>, che giustifichi la c.d. rottura in tronco del rapporto, essa resta valida, ma il recedente, in tali specifiche ipotesi di diniego del rinnovo tacito, dovrà corrispondere alla controparte contrattuale <u>un'indennità o il risarcimento del danno</u> (artt.:1601, 1603 c.c.).

Natura

Secondo alcuni autori la disdetta e la licenza si distinguerebbero, pur essendone affini, dal recesso, in quanto l'unico effetto che produrrebbero, è quello di <u>impedire la rinnovazione tacita della durata del contratto, il cui scioglimento si realizzerebbe in conseguenza dello scadere del termine</u>, fissato dalle parti nel contratto o stabilito dalle legge. [191 cxci]

---

[191] MIRABELLI, op. cit. p. 228; GABRIELLI - PADOVINI, Recesso (dir. privato), in Enc. dir., XXXIX, Milano, 1988, p. 28; DE NOVA, Recesso e risoluzione nei contratti. Appunti da una ricerca, in AA.VV., Recesso e risoluzione, p. 2; DI MARTINO, Contratto di affitto di fondo rustico: recesso e risoluzione, p. 416. Alcuni autori, come BETTI, op. cit., pag. 162, 323 e MESSINEO, op cit., non si pronunziano in modo specifico sul punto.

A ben vedere, la disdetta può essere equiparata, anzi <u>rientrare nella figura del recesso</u>, poiché consiste pur sempre in <u>una dichiarazione unilaterale, che comunica, in modo formale, proprio la volontà di voler sciogliere il contratto</u> ed estinguere il rapporto. Realizzando così, quindi, quella che è la causa tipica del recesso. [192 cxcii]

B. Rinunzia e recesso

Affinità   Il recesso è accostato alla rinunzia al contratto, o meglio, alla rinunzia agli effetti del contratto.

Mandato di credito   Le ipotesi di <u>rinunzia al contratto</u> non sono numerose nel codice civile. In particolare, nella rinunzia del mandatario di credito, l'art. 1958 del cod. civ. prevede la rinunzia, solo per vietarla.

Mandato   La rinunzia al mandato da parte del mandatario, di cui all'art. 1727 dello stesso codice, si deve ritenere un vero e proprio caso di recesso. Come già si è avuto modo di dire (vedi cap. 5, pag. 28 e cap. 16, pag. 85 e ss.), qui la legge utilizzerebbe una terminologia impropria, parlando di rinunzia, per intendere una vera e propria ipotesi di recesso unilaterale. Infatti, la funzione e i caratteri di questa rinunzia sono quelli propri del recesso. Secondo le regole generali in tema di recesso, se il contratto è a tempo determinato, il recesso, chiamato rinunzia al contratto di mandato, può essere compiuto dal mandatario solo in presenza di una giusta causa. In mancanza il mandatario deve risarcire i danni al mandante. Invece, se il contratto di mandato fosse a tempo indeterminato, il mandatario potrebbe sempre recedere, dovendo risarcire i danni al mandante, solo quando non abbia dato un congruo preavviso.

---

192 Così: FRANZONI, op. cit., p. 311; PONTANI, La locazione, p. 383; ROMAGNOLI, Disdetta, in Enc. dir., XIII, Milano, 1964, pp. 92-93, il quale afferma che la distinzione fra recesso e disdetta è solo quella fra potere e strumento.

Riporto	Anche l'ipotesi di rinunzia prevista per il contratto di riporto dall' art. 1551 del cod. civ., può farsi rientrare nei casi di recesso, stabilito dalla legge in favore di entrambi i contraenti, quando non adempiono le proprie obbligazioni nei termini di contratto.

Non può accogliersi la tesi, di chi parla a tal proposito di abbandono tacito o rinunzia tacita del contratto. [193] [cxciii]

Poiché ritiene, che in tale ipotesi una richiesta di esecuzione del contratto al di là del termine stabilito, legittima la controparte ad opporre la rinunzia tacita del contratto. Si potrebbe controbattere, che la situazione descritta è comune a tutti i casi di recesso.

C. Riscatto e recesso

Causa	Il riscatto partecipa della medesima funzione o causa generale del recesso (vedi Cap.5, pag.29), consistente nel <u>paralizzare gli effetti del contratto</u> con una <u>dichiarazione unilaterale di volontà</u>. Così come previsto dall'art. 971 del cod. civ. per il diritto di affrancazione dell'enfiteuta o dall'art. 1866 c. c per il riscatto nella rendita semplice o perpetua.
Effetti	A differenza del recesso, il riscatto opera con <u>efficacia ex tunc,</u> non solo in riferimento ad effetti obbligatori, ma anche in relazione ad effetti reali, che si siano già realizzati. Come dispone l'art. 1500 del cod. civ. per il diritto del venditore di riottenere la proprietà della cosa venduta, restituendo il prezzo ricevuto. È esclusa, invece, per il recesso ogni azione retroattiva sugli effetti del contratto (cfr. cap. 7, pag. 38 e ss.).
Art. 1500 c.c.	In dottrina sulla natura della fattispecie prevista dall'art. 1500 del c.c., esiste un ampio dibattito, che ha condotto alcuni autori a configurare come <u>condizione risolutiva meramente potestativa il riscatto della cosa venduta,</u> con il quale il venditore riottiene la

---

[193] MESSSINEO op. cit..

proprietà della cosa venduta, cancellando l'effetto traslativo della vendita. Alcuni autori hanno qualificato l'esercizio del riscatto come un vero e proprio recesso dal contratto di vendita.[194]

Diritto potestativo

Al pari del recesso, il riscatto è un diritto potestativo, cui corrisponde per la controparte negoziale una soggezione, cioè l'impossibilità di opporsi al richiesto scioglimento del rapporto. Per tale ragione non può accogliersi l'opinione di chi ritiene che il riscattante, a differenza del recedente, ha il potere di esigere dalla controparte il consenso per la fine del rapporto e, in caso di rifiuto, di ottenere dal giudice una sentenza costitutiva. Questa situazione è comune a tutte le ipotesi di diritti relativi o di credito, che non essendo diritti assoluti, hanno bisogno, per la realizzazione del diritto, della necessaria collaborazione della controparte contrattuale. Per cui in mancanza dell'adesione del contraente riscattato o receduto al richiesto scioglimento del rapporto, è necessario per il riscattante o recedente agire in giudizio per ottenere in via coattiva la soddisfazione dell'interesse protetto.[195]

D. Adempimento e recesso

Esiste una relazione tra recesso e adempimento.

Il recesso nei contratti ad esecuzione istantanea impedisce l'adempimento.

---

[194] Parlano di condizione risolutiva: RESCIGNO, voce Condizione in Enc. dir., VIII, Milano, 1961, p. 784; NATOLI, La proprietà. Appunti dalle lezioni, Milano, 1976, p. 211. Nel senso del recesso: BIANCA, Il contratto, p. 739.
[195] Nello stesso senso: FERRARA F. senior, Teoria dei contratti, pag. 317; contra CARIOTA FERRARA, op. cit., secondo il quale in tali casi o si ha negozio bilaterale o sentenza.

Nei contratti di durata il recesso non consente ulteriori atti d'adempimento delle prestazioni continuate o periodiche, determinando lo scioglimento del rapporto negoziale.

In ogni caso il recesso impedisce un adempimento tardivo. [196] cxcvi

L'adempimento, peraltro, costituisce un fatto a sua volta impeditivo del recesso nei contratti ad esecuzione istantanea.

Per altro verso, nei contratti di durata le prestazioni continuate o periodiche una volta adempiute, non possono essere eliminate con il recesso.

Non essendo ormai più possibile esercitare il recesso dopo l'adempimento, le parti potrebbero risolvere retroattivamente le prestazioni già adempiute, sia nei contratti di durata che in quelli istantanei, solo attraverso una condizione risolutiva.

E. Condizione risolutiva e recesso

Affinità

Tra il recesso e la condizione esistono alcuni tratti comuni. Il recesso è stato accostato alla condizione risolutiva, in particolare, come si è già avuto modo di dire (cfr. cap. 7, pag. 38 ss.), esistono parecchie affinità tra la condizione risolutiva meramente potestativa e il recesso. [197] cxcvii

Effetti

Secondo la Giurisprudenza consolidata e conforme, quando le parti hanno previsto l'esercizio del diritto di recesso, dopo che le prestazioni siano state eseguite e in tutte le ipotesi in cui gli effetti del recesso debbano prodursi ex tunc, non si è in presenza di un ve-

---

[196] LAVAGGI "Osservazioni sul recesso unilaterale dal contratto".
[197] PELOSI, "La proprietà risolubile nella teoria del negozio", p. 332 e ss. V. anche GABRIELLI, op. cit., p. 92 e ss. DE NOVA cit. p. 549. Nell'ambito della condizione meramente potestativa si distingue l'ipotesi della condizione consistente in un fatto, la cui realizzazione dipende dalla volontà del contraente, dalla condizione che dipende dalla sola mera volontà della parte. Su questa distinzione vedi STANZIONE, Situazioni creditorie meramente potestative, Napoli, 1982, p. 80.

ro recesso, il quale può operare solo ex nunc, ma di una condizione risolutiva meramente potestativa. [198] [cxcviii]

Differenze

Pertanto, la principale differenza tra recesso e condizione risolutiva meramente potestativa risiede nell'efficacia retroattiva di quest'ultima. [199] [cxcix]

Una rilevante differenza tra condizione meramente potestativa e recesso riguarda, inoltre, il momento del venir meno del vincolo contrattuale, quindi, degli effetti del contratto e la conseguente possibilità di revoca. Con il recesso l'effetto risolutivo si produce non automaticamente, ma solo in conseguenza dell'esercizio di un diritto potestativo. Per cui lo scioglimento del vincolo contrattuale si verifica solo con la ricezione della volontà di recesso da parte del contraente receduto, essendo il negozio di recesso un atto tipicamente recettizio (vedi cap. 4., pag. 25). Da ciò deriva, che il recesso è irrevocabile, in quanto con la dichiarazione del recedente, il contratto viene definitivamente a cadere, non essendo possibile farlo rivivere, se non concludendo un nuovo contratto. Invece, l'avverarsi dell'evento condizionante, pur dipendendo da una mera volontà della parte, non diretta di per sé alla risoluzione del contratto, produce automaticamente l'effetto risolutivo. Pertanto, anche dopo l'avveramento della condizione risolutiva meramente potestativa, la parte interessata con una espressa rinuncia a far valere la condizione, potrebbe impedire lo scioglimento del contratto. [200] [cc]

Divieto

Peraltro, la condizione risolutiva meramente potestativa deve ritenersi valida, in considerazione del fatto che l'art. 1355 del cod. civ. vieta espressamente solo la condizione sospensiva meramente potestativa. Infatti, l'articolo in questione dispone, che l'alienazione di un diritto e l'assunzione di un obbligo sono nulle solo se subordinate a una condizione sospensiva meramente potestativa, cioè di-

---

[198] Cass. n. 3071 del 1973, Cass. n. 9840 del 1999.
[199] Cass. n. 2504 del 1974.
[200] FRANZONI, op. cit., p. 374; PELOSI, La proprietà risolubile nella teoria del negozio condizionato, Milano, 1975, pp. 335-336.

F. Risoluzione e recesso

Affinità

Il recesso è stato accostato alla risoluzione, come istituto, al pari del secondo, <u>demolitorio di un accordo negoziale</u>. Così come la risoluzione, anche il recesso, nelle specifiche ipotesi previste dalla legge o dal contratto, potrebbe <u>fondarsi sull'inadempimento colposo</u> del debitore. [202][ccii]

Recesso per inadempimento

Un caso di recesso per inadempimento è previsto dall'art. 1385 del cod. civ. per la caparra confirmatoria, versata al momento della conclusione del contratto a conferma dell'impegno contrattuale, che il contraente non inadempiente trattiene o può pretendere gli sia versata nel doppio, con il diritto in entrambe le ipotesi di recedere, sciogliendosi dal contratto.

Altra ipotesi è rappresentata dal licenziamento del lavoratore subordinato per giustificato motivo o per giusta causa, quando il motivo o la causa siano dovuti alla mancata o inesatta esecuzione della prestazione lavorativa. Anche se quest'ipotesi è stata assimilata alla diffida ad adempiere, per l'effetto dilatorio previsto per il licenziamento in conseguenza della comunicazione del termine, che il datore di lavoro deve compiere nei confronti del lavoratore. Ma la legge qualifica espressamente quest'ipotesi come un tipico caso di recesso. [203][cciii]

---

[201] Secondo BIANCA, op cit., la distinzione tra recesso e condizione risolutiva meramente potestativa non ha ragione di esistere, in quanto una simile condizione non rappresenterebbe nient'altro che un potere di revoca o di recesso. Sul tema vedi anche: GABRIELLI, Vincolo contrattuale e recesso unilaterale, Milano, 1985. LAVAGGI, op. cit., p. 1054; CICOGNA, Recesso e figure affini in Foro, 1997, II, p. 46.
[202] Secondo MOSCO, La risoluzione per inadempimento, Napoli, 1984, p. 35 e SACCO, Il contratto, Torino, 1985, p. 925, nell'azione di risoluzione per inadempimento la colpa del debitore ha rilevo solo ai fini del risarcimento del danno.
[203] ROSELLI op. cit.

Eccezione
d'inademp.	L'eccezione di inadempimento, di cui all'art.1460 c.c., con cui il contraente non inadempiente rifiuta di compiere la propria prestazione di fronte all'inadempimento della controparte, è stata configurata come un'ipotesi di recesso per inadempimento. Quando, con il rifiuto di eseguire la sua prestazione, l'eccipiente comunica alla controparte la propria volontà di sciogliersi dal vincolo contrattuale. Tale dichiarazione di volontà sarebbe assimilabile ad una vera e propria diffida ad adempiere, espressione del potere legittimamente esercitato, in quanto giustificato dall'inadempimento della controparte, di risoluzione extragiudiziale del contratto, con conseguente applicazione analogica dei principi, previsti dall'art. 1454 del cod. civ. per la diffida ad adempiere. [204 cciv]

Questa teoria, però, non coglie un aspetto fondamentale, che segna in modo netto la differenza tra le figure del recesso e dell'eccezione d'inadempimento. Quest'ultima, a differenza della prima, non determina affatto lo scioglimento del vincolo contrattuale, che resta in vita, obbligando l'eccipiente a eseguire la sua prestazione, se la controprestazione venga poi eseguita.

Differenze	Tra le figure del recesso e della risoluzione esistono profonde differenze, essendone diversa la natura. Il recesso è un rimedio risolutorio essenzialmente stragiudiziale, che prevede un indennizzo in qualche modo forfettizzato, il quale potrebbe non corrispondere all'entità del danno; mentre la risoluzione è un rimedio giudiziale, volto ad ottenere l'integrale risarcimento del danno subito per effetto dell'inadempimento. [205 ccv]

Questa differenza si può cogliere appieno dall'esame delle fattispecie di recesso per inadempimento. In particolare, nell'ipotesi prevista dall'art. 1385 del cod. civ. in tema di caparra confirmatoria, questa assume la funzione di negozio accessorio a tutela del con-

---

[204] Cass. n. 6347 del 1985. GABRIELLI, Vincolo unilaterale, cit., p. 41; MIRABELLI, op. cit., p. 223.
[205] Cass. Sez. Un. n. 553 del 2009.

tratto principale al fine di predeterminare una somma di denaro, che possa servire da ristoro economico dell'eventuale inadempimento, con duplice funzionalità patologica, rafforzativa del vincolo contrattuale, con la stessa valenza della cauzione, ma allo stesso tempo strumento di autotutela in caso di inadempimento.

Efficacia   Esiste diversità tra recesso e risoluzione anche per quel che concerne gli effetti. La sentenza, che accoglie la domanda di risoluzione, ha <u>efficacia costitutiva</u>, in quanto gli effetti della pronunzia risalgono retroattivamente al <u>momento della proposizione domanda giudiziale.</u> [206 ccvi]

La sentenza che accerta la validità del <u>recesso ha efficacia dichiarativa</u>, i suoi effetti si producono dal <u>momento della comunicazione della dichiarazione di recesso</u> al contraente receduto. [207 ccvii]

Operatività   Le differenze tra il recesso e la risoluzione emergono anche sul piano dell'operatività. La <u>risoluzione</u>, almeno nell'ipotesi normale, <u>opera ope iudicis per effetto della sentenza,</u> che accoglie la domanda giudiziale. Il <u>recesso</u>, invece, <u>opera, immediatamente al momento della ricezione della dichiarazione di recesso,</u> salvo il caso previsto dal primo comma dell'art. 2385. c. c.

Per cui sotto quest'aspetto presenta <u>affinità solo con le ipotesi di risoluzione di diritto</u>, come nei casi previsti dall'art. 1454 del cod. civ. per la risoluzione <u>conseguente alla diffida ad adempiere</u> o per il caso di cui all'art. 1456 c.c. della <u>clausola risolutiva espressa</u> o per l'<u>inutile scadenza del termine essenziale, così come stabilito dall'</u> art. 1457 del cod. civ. [208 ccviii]

La risoluzione ha effetto immediato anche nell'ipotesi di recesso per <u>impossibilità parziale,</u> ai sensi dell'ultima parte dell'art. 1464 c.c., qualora la controparte contrattuale non abbia un interesse ap-

---

[206] Cass. n. 1550 del 1951.
[207] Cass. n. 6983 del 1982.
[208] MANCINI, op. cit., p. 2, nt. 2; GABRIELLI, Vincolo contrattuale, cit., p; 40; MENICHINO, Gli strumenti di scioglimento del contratto di deposito, in AA.VV., Recesso e risoluzione, p. 779.

prezzabile all'adempimento parziale. [209][ccix]

Invece, nell'ipotesi della <u>diffida ad adempiere</u> la risoluzione <u>produce effetto</u> non immediatamente, ma <u>solo dopo l'inutile decorso del termine dilatorio concesso</u>. [210][ccx]

Alternatività

Le <u>differenze strutturali e funzionali</u>, che caratterizzano i due istituti del recesso e della risoluzione, rendono i due rimedi risolutori <u>infungibili e alternativi tra loro,</u> essendo entrambi offerti dall'ordinamento al contraente non inadempiente di fronte all'inadempimento imputabile della controparte. Mentre la risoluzione è istituto di generale applicazione, il <u>recesso per inadempimento</u> deve essere <u>previsto da specifiche disposizioni di legge o stabilito dalle parti in una particolare clausola del contratto.</u>

Incompatibilità

Si ritiene, inoltre, che il recesso e la risoluzione, oltre che alternativi, siano inconciliabili, per cui la domanda giudiziale di risoluzione del contratto risulta <u>incompatibile con un successivo esercizio del diritto di recesso</u>. Giurisprudenza e dottrina concordemente affermano, che sia <u>precluso al contraente non inadempiente, che abbia agito in giudizio,</u> ai sensi dell'art. 1453 del cod. civ., <u>allo scopo di ottenere la risoluzione</u> del contrato ed il risarcimento del danno, <u>proporre una successiva domanda diretta a conseguire una pronuncia di recesso</u>, con la pretesa di <u>ritenere la caparra confirmatoria</u> o il pagamento del doppio della stessa. [211][ccxi]

Allo stesso tempo l'esercizio del diritto di recesso, determinando lo scioglimento del contratto, <u>impedisce al recedente di proporre una domanda giudiziale, volta ad ottenere la risoluzione</u> del contratto. [212][ccxii]

---

[209] GABRIELLI- PADOVINI, op. cit., p. 34.
[210] MIRABELLI, Dei contratti in generale, Torino, 1980, p. 647.
[211] GABRIELLI, cit. 1974, p. 725; Cass. Sez. Un. n. 553 del 2009, Cass. n. 3071 del 1973, Cass. n. 1550 del 1951, Cass. n. 3474 del 2012.
[212] Nello stesso senso: Cass. n. 5059 del 1986 e Cass. n. 2729 del 1984. Contra: Cass. n. 2070 del 1993, secondo cui, poiché la proposizione della domanda di accertamento del recesso non include implicitamente la domanda di risoluzione con pronuncia costitutiva, la sentenza d'accertamento del recesso non precluderebbe una successiva azione di risoluzione del contratto con effetto retroattivo.

Prevalenza   Nel contrasto di posizioni tra i due contraenti in presenza di un inadempimento imputabile, per effetto dei principi enunciati dall'art. 1453 c.c., l'eventuale domanda di risoluzione del contratto o la dichiarazione di volersi avvalere di una risoluzione avvenuta di diritto per effetto di una clausola risolutiva espressa o del decorso del termine essenziale o dilatorio concesso con la diffida ad adempiere, non può non prevalere sulla dichiarazione dell'altro contraente di voler recedere dal contratto. Così, secondo alcune decisioni si è stabilito, che quando il contraente abbia versato la caparra confirmatoria dopo la domanda all'accertamento della risoluzione di diritto del contratto, non possa più pretendere la condanna della controparte al pagamento del doppio della caparra. Secondo il principio per cui non si può più chiedere l'adempimento, quando si è richiesta giudizialmente la risoluzione del contratto ("electa una via non datur recursus ad alteram") [213] [ccxiii]

Si potrebbe obiettare, che la regola dell'impossibilità di chiedere l'adempimento, quando si è domandata la risoluzione del contratto, non è invocabile a proposito delle ipotesi di recesso per inadempimento, giacché la caparra non si può equiparare alla prestazione corrispettiva. Peraltro, con il recesso non si mantiene in vita il contratto, ma ne si chiede lo scioglimento. D'altro canto, la regola di cui all'art. 1453.c.c. presuppone la scelta del contraente non inadempiente di richiedere espressamente la risoluzione del contratto, che mancherebbe, quando debba solo invocare una sentenza dichiarativa di una risoluzione già prodottasi di diritto per effetto del recesso.

Resta, comunque, incontrovertibile il fatto, che il recesso non si possa più esercitare, quando il contratto più non esista, per essere stato risolto di diritto.

---

[213] Cass. n. 1952 del 2003.

Rinunzia alla risoluzione

Ma queste argomentazioni vengono a cadere di fronte al principio dell'autonomia privata, che riconosce all'accordo delle parti o alla volontà espressa o tacita del contraente interessato a farla valere, la facoltà di <u>legittimamente rinunziare alla risoluzione del contratto</u>, sia nel caso in cui si sia già verificata di diritto per una delle ipotesi stabilite dalla legge, sia che sia stata, invece, pronunziata con effetti costitutivi in giudizio. Per cui resterebbe non preclusa al giudice <u>l'indagine interpretativa della volontà dei contraenti o di quello non inadempiente,</u> circa l'eventuale <u>rinunzia a far valere la risoluzione e scegliere d'esercitare il diritto di recesso, anche nei confronti di un contratto ormai risolto.</u>

La prevalenza, l'infungibilità e alternatività e dei due rimedi risolutori, opera, infatti, solo in presenza di un dissidio tra le parti, quando una di esse, in contrario avviso rispetto all'altra, nel caso di inadempimento imputabile pretenda di esercitare il diritto di recesso con effetti sull'eventuale caparra versata, dopo che sia stata vittoriosamente esperita l'azione di risoluzione o pretenda di agire in giudizio per la risoluzione del contratto, dopo che sia stata esercitata la facoltà di recesso.

PARTE SECONDA:

REVOCA e MUTUO CONSENSO

Cap. 18   Revoca

Cap. 19   Limiti alla Revoca

Cap. 20   Mutuo Consenso

18. Revoca

Fatti estintivi

La revoca si inquadra nell'ampia categoria dei fatti <u>estintivi di precedenti atti o negozi giuridici.</u> L'estinzione comporta la <u>perdita definitiva di efficacia di un atto</u>. Il quale rimane solo come <u>fatto storico</u>, ma resta privo di ogni rilevanza giuridica, essendo stato completamente cancellato o rimosso. [214] [ccxiv]

Risoluzione negoziale

Fra i fatti estintivi in particolare, la revoca costituisce una tipica ipotesi di <u>risoluzione negoziale</u>. La risoluzione, infatti, può operare, non solo per effetto di una pronuncia giudiziale, su iniziativa dei soggetti interessati, ma anche per volontà autonoma delle parti, che hanno formato o partecipato a quell'attività giuridica. La risoluzione, pertanto, può essere non solo giudiziale, ma anche negoziale. Per risoluzione negoziale si intende, appunto, l'estinzione di un negozio per atto di autonomia negoziale. In questo caso l'atto diviene improduttivo di effetti per le cause previste oltre che dalla legge, anche dal contratto.

Definizione

Possiamo definire la revoca come una <u>ritrattazione facoltativa di un atto</u>, volta ad impedire il nascere di una situazione giuridica o a ripristinare quella preesistente.[215] [ccxv]

Autotutela

La revoca rappresenta, peraltro, anche una <u>forma di autotutela</u>, posta in essere volontariamente dalle parti, che ritengono ormai <u>intollerabile la prosecuzione del rapporto,</u> sorto per effetto di quell'atto giuridico.

Terminologia

Si è già accennato alla non sempre rigorosa terminologia usata dalla legge, per cui nel linguaggio del codice civile e in quello corrente, <u>i termini recesso e revoca sono spesso usati in modo promiscuo,</u> talvolta come sinonimi. In particolare non costituiscono ipotesi di revoca, quelle qualificate tali a proposito del contratto di mandato. In particolare, quelle di cui agli articoli

---

[214] BIANCA, op. cit.
[215] ROMANO, La revoca degli atti giuridici privati, Padova, 1935, p. 52.

1722, 1723, 1724, 1725 e 1726 del codice civile, <u>impropriamente chiamate revoca del mandato, ma che devono ritenersi casi di recesso.</u> Anche nell'ipotesi <u>prevista dall'art.1396</u>, con riguardo alla procura, si usa il termine revoca per definire un tipico caso di recesso.[216 ccxvi]

Non possono ritenersi ipotesi di revoca, quelle previste dall'art. 687 e dall'art. 800 del cod. civ. per la <u>revocazione del testamento e della donazione per sopravvenienza di figli</u>. Si tratta in realtà di un <u>effetto risolutivo</u>, che sorge da un <u>evento condizionale</u>, previsto dalla legge, che <u>si produce indipendentemente dalla volontà del donante o del testatore</u>.[217 ccxvii]

Atti prenegoziali

Il codice civile usa il termine revoca a proposito delle <u>dichiarazioni prenegoziali</u> della proposta e dell'accettazione, per definire quello che propriamente dovrebbe considerarsi un <u>atto di ritiro</u> (art. 1326 e ss. c.c.). Si ritiene, infatti, concordemente in dottrina, che la <u>revoca possa avere ad oggetto solo negozi giuridici</u>. Quindi né atti prenegoziali, né <u>atti non negoziali</u>. Il <u>ritiro non consente</u> agli atti prenegoziali della proposta o della accettazione di <u>realizzare il loro effetto tipico</u>, consistente nel formare e concludere un negozio giuridico. Oltre agli atti prenegoziali, il ritiro è atto tipico degli <u>atti non negoziali</u> in genere, come, ad esempio, la partecipazione. Il ritiro impedisce all'atto non negoziale e prenegoziale di produrre l'effetto o gli effetti propri di quel tipo di atto. Ma, il ritiro è <u>possibile solo prima che l'atto abbia già raggiunto ed esaurito l'effetto</u>, previsto dalla legge.

In particolare, la <u>libera revocabilità degli atti prenegoziali</u>, meglio dovrebbe dirsi il libero ritiro di proposta e accettazione fino al momento di conclusione del negozio giuridico, che hanno concorso a formare, rappresenta un principio generale dell'ordinamento giuridico, espressamente previsto dalla legge (art.1328 c. c). <u>Dopo la conclusione del negozio,</u> la revoca o, meglio, il ritiro degli atti pre-

---

[216] MANCINI, Il recesso unilaterale e i rapporti di lavoro, p. 117 e ss..
[217] FERRI, Revoca in Enc. dir., XL, Milano, 1989, p. 199; DE RUGGIERO, "Istituzioni di diritto civile", p. 300

negoziali <u>non è più possibile</u>. <u>Si può solo revocare il negozio</u>, ormai concluso.[218][ccxviii]

Applicabilità

La revoca deve essere compiuta dallo <u>stesso autore del negozio da revocare</u>. Si è parlato di autore e non di parti, poiché si ritiene, che la revoca sia un negozio unilaterale e possa operare soltanto nei confronti dei <u>negozi unilaterali</u>, rappresentando il caso tipico di <u>risoluzione negoziale unilaterale</u>.[219][ccxix]

La revoca unilaterale non può essere causa di risoluzione dei contratti. Il contratto obbliga le parti, che lo hanno concluso, a tener fede all'impegno assunto, ma <u>non è irrevocabile</u>. La revoca, però, deve essere fatta <u>con il consenso di tutti i soggetti, che lo hanno posto in essere</u>. Per questa ragione una revoca unilaterale non sarebbe sufficiente, in quanto si ritiene, che l'atto negoziale estintivo dei contratti in genere, possa essere solo il <u>recesso o il mutuo consenso</u>. Per questo suo tratto caratteristico la revoca (unilaterale) si distingue da queste due ultime figure giuridiche.[220][ccxx]

In particolare, dal mutuo consenso, espressamente previsto dal primo comma dell'art. 1372 del cod. civ., che rappresenta nient'altro, che un <u>atto di revoca bilaterale dei contratti</u>, la quale può avvenire <u>solo ad opera di tutte le parti contrattuali</u>. Il <u>recesso</u>, invece, è una <u>dichiarazione unilaterale, che colpisce l'atto bilaterale, concluso anche da soggetto diverso dal recedente</u>. Si può, peraltro, senz'altro estendere il campo di applicazione della revoca unilaterale, oltre che ai negozi unilaterali, anche ai quei <u>contratti conclusi nell'interesse esclusivo del revocante</u>. Come nel caso, previsto dall'art. 1411 del cod. civ., della revoca dello stipulante nel

---

[218] SANTORO-PASSARELLI, Dottrine, cit., p. 210 e ss.; MIRABELLI, Dei contratti, cit. p. 66 e ss.; MIRABELLI, Atto non neg., p. 436 e ss.
[219] Nello stesso senso: OSTI, voce Contratto, cit., p. 526, ROMANO, voce revoca in Noviss. Digesto Italiano., p. 810, SCOGNAMIGLIO, Contratti in generale, p. 211, questi autori circoscrivono la revoca al campo dei negozi unilaterali, qualificando il mutuo consenso semplicemente come contratto, che elimina un contratto precedente.
[220] DEIANA, Contrarius consensus, in Riv. d ir. p riv., 1938, I, 89 ss., in partic. 107-110; CARIOTA-FERRARA, Neg. giur., cit., pp. 153, 675. Questi due autori ritengono che la revoca possa operare anche sui contratti. Deiana, in particolare, afferma che sia stato un errore quello di non riportare nel nuovo codice la formulazione dell'art. 1123, 2° comma del codice abrogato, che parlava di *"revoca per mutuo dissenso"*.

contratto a favore di terzo, possibile finché il terzo non abbia dichiarato di voler profittare della stipulazione, anche in confronto del promittente. (art. 1411, 2° comma, cod. civ.).[221]

Le imprecisioni terminologiche, di cui si è già detto, usate dal legislatore, che definisce revoca tipici casi di recesso, hanno contribuito a rendere incerto il campo applicativo dell'istituto della revoca, il tutto sembra sia dovuto al preconcetto della c.d. irrevocabilità del negozio giuridico.

Natura

La revoca è <u>negozio giuridico unilaterale</u>, tramite il quale si elimina un altro negozio. La revoca, che riguarda un <u>negozio unilaterale non recettizio</u>, è a sua volta non recettizia, come nel caso della revoca del testamento (art.: 587, 608, 679 cod. civ.). Invece, la revoca è un <u>negozio unilaterale recettizio</u>, se ha per oggetto un negozio unilaterale recettizio, come, per esempio, la revoca della procura (che in realtà è un caso di recesso) che deve portarsi a conoscenza dei terzi con mezzi idonei (art. 1396 cod. civ.). <u>É recettizia la revoca dei contratti conclusi nell'interesse del revocante</u>, come nell'ipotesi della revoca dello stipulante nel contratto a favore del terzo.[222]

Oggetto

<u>Oggetto della revoca è l'atto giuridico</u>. In questo senso la revoca differisce dal <u>recesso, che ha per l'oggetto l'estinzione del rapporto</u>. La revoca rimuove l'atto, <u>privandolo di efficacia fin dall'origine</u>.[223]

Effetti

Quanto detto a proposito dell'oggetto della revoca si riflette sul piano effettuale, per cui si ritiene, che la revoca non sia diretta a rimuovere l'efficacia giuridica del negozio, ma, operando direttamente sul negozio, principalmente a <u>cancellare lo stesso negozio,</u> quale atto di autonomia privata,<u> dal mondo giuridico</u>. Il fatto che

---

[221] BETTI, Teoria, cit., p. 251, a proposito dei contratti stipulati nell'interesse del revocante, si riferisce espressamente alla revoca del mandato, che, invece, come si è già detto, deve reputarsi un caso di recesso, impropriamente definito revoca dal legislatore.
[222] ROMANO La revoca degli atti giuridici (Padova, 1935), p. 170; SCOGNAMIGLIO, Contributo ecc., op. cit., p. 299; MIRABELLI, Dei contratti, p. 216.
[223] Così ROMANO, voce revoca in Noviss. Digesto Italiano.

gli effetti non si producano, è solo una conseguenza del disvolere dell'atto.[224][ccxxiv]

In conseguenza la revoca, dal punto di vista degli effetti, si distingue dal <u>recesso</u>, che opera, invece, <u>immediatamente sul rapporto obbligatorio</u>, nato dal contratto. Il recesso, eliminando direttamente il rapporto, <u>scioglie il vincolo obbligatorio, ponendo fine solo agli effetti dell'atto</u>, che rimane in vita.

A differenza dal recesso, la revoca è possibile anche quando il negozio ha avuto un principio di esecuzione.

In altri termini è opinione comune, che <u>la revoca rimuova l'atto</u>, mentre <u>il recesso estingua il rapporto.</u> [225][ccxxv]

In realtà tale distinzione non sfugge a rilievi critici, ove si consideri, che il negozio ha un senso e <u>sia voluto dalle parti, solo in quanto possa produrre effetti</u>, per cui non vi potrebbe essere una realtà del contratto o del negozio al di fuori della sua efficacia giuridica. Peraltro, disvolere un atto, non può non significare, che non volere, che i suoi effetti si producano. <u>La revoca cancella il negozio, solo in quanto ne estingue l'efficacia giuridica.</u> Allo stesso modo, anche il <u>recesso non si può riferire esclusivamente al rapporto</u>, dato che in seguito ad esso, il <u>contratto perde la sua efficacia giuridica.</u> [226][ccxxvi]

Ex tunc

La concorde dottrina ritiene, inoltre, che la revoca, sia quella unilaterale, che il mutuo consenso, in quanto riferiti direttamente all'atto e, solo in via mediata, ai suoi effetti, non possano che operare retroattivamente. D'altronde trattandosi di contrarius consensus, che, <u>ristabilendo la situazione preesistente,</u> impedisce la produzione degli effetti <u>del precedente contratto,</u> non potrebbe non avere efficacia retroattiva. Il negozio revocato resterà come fatto

---

[224] NANNI, La revoca del mandato, Padova, 1992, p. 16. MIRABELLI op. cit.; MESSINEO op. cit..
[225] Vedi tra gli altri, CORRADO, cit., p. 481:, secondo il quale la revoca opera sul negozio; il recesso sul rapporto.
[226] TALAMANCA, cit., p. 159, afferma che la revoca, come qualsiasi altro negozio, agisce direttamente sull'efficacia giuridica dell'atto, essendo diretto ad eliminare la situazione giuridica creata dal negozio precedente. Per CHIOMENTI, La revoca delle deliberazioni assembleari, p. 65: è inconcepibile l'eliminazione di un negozio, che non comporti necessariamente l'eliminazione di tutti i suoi effetti.

storico ineliminabile, ma ormai privo di ogni rilievo giuridico [227]

In seguito alla revoca, non solo l'atto non potrà produrre effetti giuridici per il futuro, ma quelli eventualmente già realizzati saranno definitivamente rimossi. Conseguentemente la situazione precedente sarà ripristinata con l'eliminazione di tutti gli atti esecutivi del negozio revocato, che l'avevano modificata e con l'obbligo di restituzione dei beni e servizi, oggetto delle prestazioni ricevute. La revoca opera ex tunc anche nei confronti dei terzi. Naturalmente con i limiti previsti dalla legge, nei termini delle eventuali trascrizioni compiute dai subacquirenti, quando il negozio abbia per oggetto beni immobili o mobili registrati.

Tra l'altro, si afferma, che la revoca costituisce un classico esempio di risoluzione negoziale, la quale di regola ha efficacia retroattiva. Ritenendosi dai più, che la risoluzione negoziale possa avere efficacia non retroattiva, solo quando ha per oggetto contratti ad esecuzione continuata o periodica ovvero il conferimento di poteri. Per cui le prestazioni già eseguite nei contratti di durata, come la locazione o il contratto di lavoro subordinato, restano salve. Infatti, la risoluzione non retroattiva determina solamente una interruzione del rapporto, non intaccando gli effetti già prodotti e le prestazioni già eseguite. La risoluzione negoziale retroattiva, invece, rimuove gli effetti del negozio dal momento della sua nascita.

Anche, sotto questo profilo, la revoca differisce dal recesso, il quale, invece, ha efficacia non retroattiva, opera ex nunc dal momento in cui è posto in essere, (per il futuro, mai per il passato), in

---

[227] Cfr., tra gli altri: D'AVANZO, op. cit., p. 1028; RUBINO, La compravendita, in Trat .dir. civ. e comm., dir. da Cicu - Messineo, vol. XXIII, Milano, 1971, p. 1079; ROMANO, Revoca (diritto privato), in Noviss. Dig. Ita. p. 808; ROMANO La revoca degli atti giuridici privati, Padova, 1935; CHIOMENTI, La revoca delle deliberazioni assembleari, Milano, 1969; CORRADO, in Dir. econ. 1956, p. 476; DEIANA, in Riv. dir. priv . I, p. 89; TALAMANCA in Riv. Dir. civ. 1964, I, p. 150, il quale afferma, che la revoca non sia mai retroattiva, in quanto ritiene, che operi non sull'atto, ma sui suoi effetti.

quanto <u>incide direttamente sul rapporto,</u> lasciando inalterati gli effetti, che il contratto ha già prodotto. [228] [ccxxviii]

Contratto modificativo

Se lo scopo principale della revoca è quello di <u>impedire all'atto da revocare la produzione dei suoi effetti, qualora l'atto avesse già realizzato,</u> anche solo in parte, gli <u>effetti</u>, non si tratterà di revoca, ma di <u>negozio modificativo</u> della situazione giuridica. Il contratto modificativo non ha efficacia retroattiva. [229] [ccxxix]

---

[228] Così tra gli altri v. DE CUPIS, in RISG. 1939, p.208. Secondo GABRIELLI-PADOVINI, op. cit., p. 39, anche al recesso sarebbe da attribuire un effetto retroattivo, poiché il recedente di solito mira proprio a risolvere retroattivamente il vincolo contrattuale.
[229] Nello stesso senso ROMANO, voce Revoca, in Noviss. Dig. Italiano. MIRABELLI, op.cit. Secondo OSTI, voce "Contratto" in NDI., quando gli effetti obbligatori o traslativi del contratto, pur essendo stati prodotti, non siano stati attuati, si tratterebbe di mutuo consenso e non di negozio modificativo. Cass.: n. 389 del 1958, n. 360 del 1965, n. 3772 del 1976,

19. Limiti alla Revoca

La legge pone dei limiti alla libera revocabilità dei negozi unilaterali, siano essi recettizi ovvero non recettizi.

Irrevocabilità

In alcuni casi, si parla di irrevocabilità assoluta. Per cui, quando sia divenuto efficace, non è più possibile per il suo autore revocare il negozio e liberarsi dalle conseguenze giuridiche dell'atto.

Esempi in questo senso sono costituiti dal recesso, che è irrevocabile e dai negozi abdicativi, che abbiano per oggetto di diritti reali immobiliari. Non si può far rivivere un negozio sciolto per effetto di recesso. Unico modo per ottenere un simile effetto, è quello di concludere un nuovo negozio.

Non è possibile la revoca del negozio abdicativo, una volta, che, per esempio, una parte abbia rinunziato a un diritto di usufrutto su un bene di proprietà altrui. Infatti, per effetto del carattere dell'elasticità, proprio dei diritti reali, con la rinunzia il nudo proprietario ha riacquistato la pienezza del dominio sul bene.

Limiti

In altri casi la revoca del negozio unilaterale è possibile, ma è consentita soltanto entro determinati limiti. Il primo limite naturale è costituito dalla eventuale lesione degli interessi di coloro, (impropriamente chiamati terzi, soggetti diversi dall'autore del negozio) che siano titolari del rapporto giuridico su cui il negozio incide, nei cui confronti il negozio unilaterale di solito è destinato a produrre effetti (vedi pag.13). Il secondo limite riguarda gli effetti. Per cui il negozio non potrebbe più essere revocato, quando abbia prodotto tutti i suoi effetti giuridici.

Per quanto attiene al primo dei due limiti, per esempio, la rinunzia all'eredità è revocabile "senza pregiudizio delle ragioni acquistate da terzi, sopra i beni dell'eredità" (art. 525 c.c.). In riferimento al secondo limite, il medesimo articolo del codice civile stabilisce che la revoca è possibile "fino a che il diritto di accettare l'eredità non è prescritto" e sempre che l'eredità non sia stata acquistata da altri chiamati.

Altro esempio, sempre relativamente a quest'ultimo limite, è quello relativo al testamento, negozio destinato ad avere effetto solo dopo la morte del suo autore (art. 456 c.c.), in quanto la volontà del testatore deve essere lasciata libera fino al momento della sua morte. Il testamento si può revocare fino a quando non inizia a produrre i suoi effetti. Quindi, è revocabile fino al momento in cui il testatore avrà cessato di vivere (art. 587 c.c.).

Lo stesso dicasi per il negozio di fondazione, che non si può più revocare, dopo che la fondazione abbia ottenuto il riconoscimento (art. 15 c.c.).

Giusta causa

In altri casi la revocabilità del negozio unilaterale è subordinata a una giusta causa e ad ulteriori requisiti di forma, previsti dalla legge. Come accade, ad esempio, a proposito della promessa al pubblico, che si può revocare solo se la revoca sia fatta nella stessa forma della promessa, purché sussista una giusta causa, cioè un interesse del promittente meritevole di tutela e sempre che la promessa non abbia realizzato tutti i suoi effetti (art. 1990 cod. civ.).

Risarcimento

Si è già detto, che il codice civile qualifica come ipotesi di revoca del mandato, quelli che in realtà sono veri e propri casi di recesso. La revoca del mandato, così impropriamente chiamata, dovrebbe essere compiuta da tutti i soggetti del negozio, essendo il mandato un contratto. Più che di revoca, dovrebbe, allora, parlarsi di mutuo dissenso, che rappresenta, appunto, la revoca bilaterale. Anche se, il mandato appartenendo a quella categoria contratti, stipulati nell'interesse del revocante, potrebbe essere oggetto di revoca unilaterale.[230 ccxxx]

Se fosse configurata come revoca quella, che, a norma dell'art. 1725 del cod. civ., è subordinata alla presenza di una giusta causa o a un congruo preavviso, la revoca del mandato (dovremmo meglio dire il recesso dal mandato) in mancanza di tali presupposti non diviene inefficace, ma comporta a carico del revocante solo l'obbligo di risarcire i danni al mandatario.

---

[230] BETTI, Teoria, cit., p. 251, v. ante, nota n. 218.

Inopponibilità

In relazione al limite della tutela delle ragioni dei terzi in buona fede, la legge per i negozi unilaterali recettizi, come la procura, sottopone l'eventuale revoca a una necessaria e indispensabile comunicazione del negozio di revoca, nelle stesse forme in cui è avvenuta quella del negozio da revocare. La revoca della procura è inopponibile ai terzi, se non portata a loro conoscenza con mezzi idonei (art. 1396 c.c.). Per esempio, la revoca della procura institoria per essere efficace deve essere iscritta nel Registro delle Imprese (art. 2207 c.c.), che rappresenta il modo legale attraverso il quale si rendono conoscibili ai terzi gli atti riguardanti le imprese. Si è, comunque, già detto, che, quella che il codice chiama revoca della procura, è in realtà un caso di recesso.

Negozi familiari

Limiti ancora più rigorosi la legge pone nel campo dei negozi familiari. Per la tutela di interessi di ordine pubblico, trascendenti quelli delle parti, è esclusa non solo la revoca unilaterale, ma anche la libera revocabilità per mutuo consenso. Al fine di evitare, che determinati soggetti si affranchino irresponsabilmente da doveri inderogabili di solidarietà imposti loro dalla legge. Per il divorzio, ad esempio, non basta il comune accordo dei coniugi, ma occorre l'ulteriore requisito del decorso del periodo di tempo, stabilito dalla legge.

20. Mutuo Consenso

Irrevocabilità

L'art. 1372 del codice civile afferma che "il contratto ha forza di legge tra le parti" e "non può essere sciolto se non per mutuo consenso o per le cause ammesse dalla legge". La norma, che si ispira ai valori giuridici propri del giusnaturalismo, rappresenta un principio fondamentale del sistema giuridico. Il rispetto del contratto, così come concluso, nell'insieme di quelle regole che autonomamente le parti contrattuali si sono date, in forza del potere loro concesso dalla legge di autoregolare i propri interessi. L'irrevocabilità dell'impegno contrattuale e del consenso costituiscono un effetto tipico e costante di tutti gli atti d'autonomia negoziale, che si traducono da un lato nell'obbligo di rispettare il contratto e dall'altro nell'impossibilità di ritrattare il consenso, liberamente prestato. Ciò implica un assunzione responsabile delle scelte compiute, dalle quali non è possibile liberarsi arbitrariamente, pentendosi della parola data e ritrattando l'impegno assunto con una dichiarazione unilaterale di volontà. I contraenti sono liberi di concludere o meno il contratto e di revocare il consenso, in termini di proposta e accettazione, fino al momento in cui il contratto non si perfeziona. Ma da tale momento in poi sono obbligati ad osservarlo, poiché per loro il contratto ha forza di legge, così come stabilisce l'art. 1372 del cod. civ. Il contratto come fonte di regole giuridiche, non si pone sullo stesso piano della legge, non potendo derogare a norme imperative, ma dalla forza vincolante delle norme contrattuali le parti non potrebbero sottrarsi, così come espresso dal citato articolo del codice civile, se non tramite un successivo accordo o per le cause ammesse dalla legge.

Mutuo consenso

Dunque, il principio dell'irresolubilità dell'impegno contrattuale può essere derogato solo in forza di un accordo di segno opposto, di contenuto eguale e contrario, contraius consensus o mutuo dissenso, che in virtù di altro fondamentale principio, quello dell'autonomia contrattuale, attribuisce ai contraenti la facoltà di pentirsi in qualsiasi momento e di disvolere atti di disposizione della loro sfera giuridica, liberandosi in tal modo dagli obblighi sorti con il precedente contratto. Infatti, il contratto di solito regola <u>interessi disponibili dalle parti</u>, che, pertanto, consensualmente possono sempre decidere di porre nel nulla quell'impegno negoziale, da essi liberamente assunto. [231 ccxxxi]

Il mutuo consenso o dissenso, che rimuove gli effetti del contratto originario con efficacia retroattiva, ripristinando la situazione giuridica preesistente, può essere definito come la ritrattazione consensuale del contratto. [232 ccxxxii]

Si già detto come questo accordo contrattuale, costituisca un particolare tipo di revoca, che si distingue dalla revoca vera e propria e dal recesso, pur svolgendo la medesima funzione di estinguere un precedente contratto. Dalla prima figura differisce, in quanto, come negozio bilaterale, o, meglio, come contratto, rappresenta il classico esempio di <u>revoca bilaterale</u>, essendo la revoca vera e propria, invece, solo un negozio unilaterale. Dal recesso si distingue perché la ritrattazione dell'atto di autonomia contrattuale, <u>non è precedentemente programmata dal contratto o stabilita dalla legge</u>, ma è operata ex post con una successiva concorde volontà delle parti contrattuali, che ritorna su se stessa per eliminare quel rapporto giuridico, che era stato in precedenza creato. Questa libera scelta presuppone la <u>reciproca convenienza economica</u> delle parti di far cessare gli effetti di quel contratto. [233 ccxxxiii]

---

[231] MESSINEO, op cit. 1952, p. 472; DEJANA, Contrarius consensus, in Riv. dir. priv:, 1938, I, p. 89 e ss, considera, invece, superflua la disposizione, in quanto ritiene sufficiente il principio dell'autonomia contrattuale.
[232] LUMINOSO "Il mutuo dissenso", 1980, p. 280 ss., ritenendo il mutuo consenso strumento di generale applicazione, afferma che potrebbe essere esteso oltre il campo dei contratti.
[233] ROMANO, op. cit., p. 810; FALZEA "La condizione e gli elementi dell'atto giuridico", 1941, p. 253 ss.; MIRABELLI "Dei contratti in generale", 1967, p. 256 ss..; SCOGNAMIGLIO "Contributo alla teoria del negozio giuridico ", 1950, p. 127 ss.., secondo il quale delle scelte negoziali compiute non ci si può successivamente pentire, ritrattando il proprio consenso, anche per le conseguenze pregiudizievoli che si produrrebbero nei confronti della controparte e dei terzi; LUMINOSO "op. cit. p. 32 ss., definisce il mutuo consenso come un particolare tipo negoziale con funzione solutoria di un precedente contratto, che rimuove la regola o il regolamento posto con tale contratto. V. anche: Cass. n.1821 del 1969, Cass. n. 1468 del 1953.

Estinzione Questo contrario consenso di natura contrattuale, volto a neutralizzare e rimuovere gli effetti del precedente contratto, è, peraltro, previsto espressamente anche dall'articolo 1321 del codice civile, norma, che definendo il contratto in generale, attribuisce ad esso una funzione non solo costitutiva o modificativa, ma anche estintiva di rapporti giuridici a contenuto patrimoniale. Con l'estinzione il contratto viene a perdere in modo definitivo la propria efficacia, cancellandosi dal mondo giuridico.

Il mutuo dissenso, dunque, rientra tra le cause di estinzione del contratto, come revoca bilaterale, insieme al recesso, alla revoca unilaterale, alla risoluzione, alla rescissione e all'annullamento. In particolare l'annullamento si verifica per una causa di invalidità del contratto. Mentre con la risoluzione il contratto si estingue per una anomalia funzionale del nesso di corrispettività per inadempimento, impossibilità sopravvenuta e per eccessiva onerosità sopravvenuta. Il contratto si scioglie per rescissione per un difetto genetico del sinallagma nei contratti a prestazioni corrispettive. La revoca unilaterale, detta brevemente revoca, estingue il negozio unilaterale per volontà del suo autore. Infine con il recesso la legge o il contratto attribuiscono a uno o a entrambi i contraenti la facoltà di liberarsi dal contratto con una dichiarazione unilaterale di volontà.

Risoluzione negoziale A proposito del recesso, della revoca e del mutuo consenso si parla anche di risoluzione negoziale o volontaria, per sottolineare lo scopo che accomuna il mutuo consenso e le altre figure giuridiche menzionate alla risoluzione giudiziale, in quanto al pari di quest'ultima hanno per fine quello di risolvere un contratto, nel caso particolare del mutuo consenso per volontà unanime delle parti, invece, che per il tramite di una sentenza. [234 ccxxxiv]

Pertanto, la risoluzione consensuale, rappresentando un semplice fatto estintivo dei diritti sorti per effetto del contratto, che si verifica fuori dal processo, non può costituire un eccezione processuale in senso tecnico: Per cui tale fatto estintivo, se provato in

---

[234] BIANCA op. cit. p. 700; MAIORCA "Il Contratto", 1981, p. 255.

giudizio, potrebbe essere posto a base di una <u>sentenza ex officio dal giudice</u>, anche in mancanza di una espressa deduzione del convenuto. ²³⁵ ᶜᶜˣˣˣᵛ

Comunque, quando il contratto sia stato risolto con una risoluzione negoziale, i <u>contraenti non possono invocare cause di risoluzione per inadempimento</u>. ²³⁶ ᶜᶜˣˣˣᵛⁱ

Salvo che non abbiano regolato in modo specifico le <u>modalità di scioglimento dell'originario contratto, prevedendo delle reciproche prestazioni</u>, in merito alle quali non può non trovare applicazione il rimedio della <u>risoluzione per inadempimento</u>.²³⁷ ᶜᶜˣˣˣᵛⁱⁱ

Recesso   L'articolo 1373, che segue nella stesura del codice civile, si contrappone alla precedente previsione del citato articolo 1372, concedendo in <u>deroga al principio dell'irrevocabilità del consenso se non per volontà unanime dei contraenti o per legge</u>, la facoltà di <u>sciogliersi dal vincolo contrattuale con una unilaterale manifestazione di volontà</u>, che prende il nome di recesso. ²³⁸ ᶜᶜˣˣˣᵛⁱⁱⁱ

Tale deroga è però solo apparente, in quanto il potere di recesso <u>discende dalla medesima concorde volontà delle parti o può essere attribuito dalla legge</u>. Quindi, questa disposizione (art. 1373 c.c.) si inserisce nel quadro normativo delineato dall'art 1372 del cod. civ, dove si afferma che il contratto non può essere risolto se non per volontà delle parti o per le cause ammesse dalla legge. Pertanto, come si è avuto modo di dire (vedi ante p. 28 ss.), <u>il recesso non fa eccezione alla regola dell'irrevocabilità del consenso</u>, non è un istituto eccezionale, per cui le norme che lo regolano, sono suscettibili di <u>applicazione estensiva e analogica</u>.²³⁹ ᶜᶜˣˣˣⁱˣ

Infatti, i contraenti possono pur sempre stabilire di riservarsi o di attribuire ad uno soltanto di essi, il potere di recedere dal contratto, c.d. <u>recesso convenzionale</u>, in quanto la regola che esclude la

---

²³⁵ Cass. n. 2495 del 1973.
²³⁶ Cass. n. 3360 del 1972.
²³⁷ Cass. n. 1655 del 1973.
²³⁸ SANTORO-PASSARELLI, op. cit. , p. 72-73 definisce il recesso un diritto potestativo; MESSINEO, Dottr. gen., cit., p. 525; MICCIO, Il recesso unilaterale dal contratto come diritto potestativo , in Riv. dir. comm., 1952, I, 373 ss.; Cass. n. 10 del 1962.
²³⁹ ROPPO, Il contratto, 1977, p. 116.

facoltà di sciogliere unilateralmente il rapporto contrattuale, è disponibile, non costituendo una norma inderogabile. [240][ccxl]

Invece, non è consentito ad una sola delle parti di liberarsi dall'impegno contrattuale con una dichiarazione unilaterale, che non le sia stata concessa in forza di un accordo, consacrato in una apposita clausola contrattuale o in virtù di una espressa previsione normativa o di un principio generale dell'ordinamento giuridico. È in tal modo, che deve essere inteso il concetto della non risolubilità del contratto per volontà unilaterale. Lo scioglimento e la modificazione del contratto, se non programmati dalle parti o previsti dalla legge, non possono essere decisi unilateralmente.

Forma

Il mutuo dissenso, come contratto di contenuto uguale e contrario, deve essere fatto nella stessa forma del contratto, che si vuole consensualmente revocare. [241][ccxli]

Ma, se per il contratto originario la legge non richiede la forma scritta a pena di nullità, il mutuo consenso può risultare da un esplicito accordo a forma libera e anche tramite un comportamento concludente o attraverso una tacita volontà. [242][ccxlii]

La forma scritta ad substantiam è richiesta soltanto per quei contratti, che risolvendo consensualmente uno precedente, producano gli effetti di uno dei negozi espressamente previsti nell'art. 1350 del cod. civ. [243][ccxliii]

---

[240] TABELLINI, Il recesso, 1962; DI MAJO, Recesso unilaterale e principio di esecuzione, in Riv. dir. comm., 1963, II, p. 110 e ss.; SANGIORGI, Rapporti di durata e recesso ad nutum, 1965; D'AVANZO, voce Recesso (diritto civile), Noviss. Dig. it., XIV, 1967, p. 1027 e ss.; GABRIELLI, Recesso e risoluzione per inadempimento, in Riv. trim. dir. e proc. civ., 1974, p. 725 e ss.; GABRIELLI, Vincolo contrattuale e recesso unilaterale, 1985; p. 66, a proposito del rapporto tra mutuo dissenso e recesso parla di opzione concessa ad entrambe o una sola di sciogliersi dal contratto tramite recesso o per un nuovo contratto, che si configura come un opzione di mutuo consenso.

[241] BETTI, Teoria, cit., p. 259; OSTI. voce contratto, cit., p. 827; COLAGROSSO, Teoria generale delle obbligazioni, 1948, p. 282;

[242] BIANCA, op. cit., 1984, p 700. Cass. n. 947 del 1953, Cass. n. 2554 del 1958, Cass. n. 252 del 1962, Cass. n. 1027 del 1970, Cass. n. 2989 del 1971, Cass. n. 2495 del 1973, Cass. n. 143 del 1977, Cass. n. 3885 del 1977, Cass. n. 2080 del 1978, Cass. n. 1186 del 1980.

[243] Sacco, Il contratto, cit., p. 456 ss. Cass. n. 1320 del 1961, Cass. n. 3072 del 1962, Cass. è 741 del 1966, Cass. n. 569 del 1968, Cass. n. 1027 del 1970,

La prova del mutuo consenso, per il quale non sia richiesta la forma scritta o solenne, può essere data <u>con ogni mezzo probatorio</u> ed anche per <u>presunzioni.</u> [244] [ccxliv]

Effetti

Il mutuo dissenso o consenso è ritenuto una revoca bilaterale, pertanto, dovrebbe operare (così come per la revoca unilaterale) <u>ex tunc</u>, <u>ripristinando fra le parti la situazione anteriore al negozio estinto</u>, con <u>effetti liberatori rispetto agli obblighi nascenti dal primo negozio</u>, anche verso quelle eventuali obbligazioni verso le quali non vi sia stato riconoscimento, <u>salvo che non risulti una diversa volontà delle parti</u>, quando abbiano voluto far sopravvivere l'azione dei danni. [245] [ccxlv]

In giurisprudenza e in dottrina non mancano opinioni diverse, secondo cui il mutuo dissenso, in tal modo equiparato a un vero e proprio recesso, soprattutto nei contratti ad esecuzione continuata o periodica, lascia <u>sopravvivere le prestazioni non ancora eseguite</u>. [246] [ccxlvi]

Come revoca bilaterale il mutuo dissenso dovrebbe incidere direttamente sul contratto originario, cancellandolo completamente dal mondo giuridico. Ma anche su questo punto si discute in dottrina, se il mutuo consenso non operi semplicemente sugli effetti del precedente negozio con effetti estintivi. [247] [ccxlvii]

Effetti reali

Il <u>mutuo dissenso non può produrre effetti traslativi e costitutivi di diritti reali</u>, essendo necessario a tal fine un autonomo negozio ad effetti restitutori, come ad esempio un <u>patto di retrovendita</u>, che non ha per scopo quello di eliminare il contratto originario, ma solo quello di <u>produrre effetti uguali e contrari</u>, realizzando una trama contrattuale inversa. [248] [ccxlviii]

---

[244] Cass. n. 569 del 1968.
[245] Cass. n . 1468 del 1953, Cass. n . 389 del 1958.
[246] Cass. n. 683 del 1966. MESSINEO op.cit. Secondo MIRABELLI op.cit. il mutuo consenso comprende tre figure distinte. Come revoca bilaterale ha efficacia ex tunc. Mentre ome contratto estintivo potrebbe non eliminare alcune delle obbligazioni, se così risulta dalla volontà delle parti. Come contratto modificativo, invece, in suoi effetti operano sempre ex nunc.
[247] Vedi LUMINOSO op.cit..
[248] SANTORO-PASSARELLI op.cit.; GAZZONI La trascrizione immobiliare; SCOGNAMIGLIO, Contratti, op. cit., p. 211-212, ritiene necessario un nuovo contratto, che operi il trasferimento in senso opposto, per eliminare un contratto traslativo o costitutivo di diritti reali, non es-

Anche su questo punto non mancano in dottrina le opinioni discordi di coloro, che ritengono, invece, ammissibile un mutuo dissenso ad effetti reali traslativi o costitutivi. [249] [ccxlix]

Requisiti

Le parti del contratto di mutuo dissenso devono essere le stesse del contratto revocato.

Per quanto riguarda i terzi creditori e aventi causa dai contraenti, vale lo stesso regime di opponibilità, previsto per il contratto revocato.

Se per il contratto originario siano richieste determinate prescrizioni per essere le parti, ad esempio, dei soggetti incapaci (per esempio, autorizzazioni giudiziali per il compimento degli atti di straordinaria amministrazione relativi alla gestione del patrimonio di un minore), le medesime condizioni devono osservarsi per la stipula del contratto di mutuo dissenso.

Il contratto tra il rappresentante senza potere e il terzo può essere revocato con un mutuo dissenso, purché sia concluso prima della ratifica (art. 1399 cod. civ.).

---

sendo sufficiente a tal fine il mutuo dissenso; per LUMINOSO, op. cit., p. 47. occorrerebbe sempre un contratto ulteriore traslativo di segno opposto.
[249] BIANCA op.cit., MIRABELLI op.cit..

NOTE di chiusura:

[i] MIRABELLI "Dei Contratti in Generale" pg. 288, SCOGNAMIGLIO " Contributo alla teoria del neg. Giur" p. 259 ss.; contra Osti, "voce Contratto", pp. 524-25, TALAMANCA "Osservazioni sulla struttura del negozio di revoca" in Riv. dir. civ., 1964, I, 162 e seguenti.

[ii] CAMPAGNA "Negozi di attuazione" p. 71 ss., ALLARA "La revocazione delle disposizioni testamentarie" Torino, 1951, p. 58 ss..

[iii] MIRABELLI "Dei Contratti in Generale", p.288-289, parla invece di effetto negoziale, anche se afferma che tale effetto è duplice.

[iv] La maggior parte degli autori ritiene che gli effetti del contratto siano solo quelli finali. RUBINO "La fattispecie e gli effetti preliminari", p. 238 ss.. MESSINEO "Dottrine generali" p. 374,

[v] OSTI, voce Contratto, p. 524, FERRARA FR. sr., Teoria dei contratti, p. 248, BETTI, Teoria gen., cit., p. 249, e dal MESSINEO, Dottr. gen., cit., p. 372, e voce "Contratto nei rapporti col terzo" in Encicl. del dir., pg. 956-57, MIRABELLI "Dei Contratti in Generale"pg.288.

[vi] MIRABELLI "Dei Contratti in Generale".

[vii] MESSINEO " voce Contratto nei rapporti col terzo" in Encicl. del dir. p. 19.

[viii] Per Cass. 29 aprile 1975 n. 1666 il successore a titolo particolare a causa di morte o per atto tra vivi è considerato un terzo.

[ix] MIRABELLI "Dei Contratti in Generale"p.292 ss. Contra: CARIOTA-FERRARA, Il Neozio giuridico nel diritto privato italiano p. 669, ed anche BETTI, Teoria del negozio giuridico, p. 265.

[x] Santoro - Passarelli "Dottrine Generali di Diritto Civile".

[xi] ROMANO "La revoca degli atti giuridici privati".

[xii] Cassazione sentenza n. 62 del 2010.

[xiii] Come diremo nelle prossime pagine la deroga è solo apparente, v. ante pp.

[xiv] BIANCA "Diritto Civile" v. 3 p. 701. Ma TRIMARCHI " Atti unilaterali" in N.D. afferma che gli atti unilaterali sono di regola irrevocabili.

[xv] DE NOVA "Il recesso" in Tratt. dir. priv. Rescigno, Cass. Sentenza n. 1740 del 1949, Cass. Sentenza n. 267del 1976.

[xvi] D'AVANZO, op. cit., p. 1034.

[xvii] D'AVANZO, cit 1967, p. 1034.

[xviii] Secondo Cass. n. 9666 del 1997, il mandato conferisce al procuratore ad litem anche la possibilità di intimare la disdetta al conduttore. Per Cass. n. 4797 del 1999, la disdetta fatta ad uno solo dei conduttori dell'immobile, vale anche per gli altri.

[xix] Cass. n. 4293 del 1980. TAMBURRINO, I vincoli unilaterali nella formazione progressiva del contratto, Milano, 1954, pp. 55-57; ROSELLI op. cit.;, BIANCA op. cit. .

[XX] SANGIORGI, op. cit., n. 1.1.

[xxi] Cass. n. 638 del 1976.

[xxii] Cass. n. 2417 del 1971. DE NOVA, op.cit., p. 549-551; GABRIELLI, "Vincolo contrattuale e recesso unilaterale", p. 108.

[xxiii] FRANZONI, op. cit., p. 384; CIMMINO, Il recesso unilaterale dal contratto, Padova, 2000, p. 21.

[xxiv] D'AVANZO op. cit. p. 1035.

[xxv] BRIDA, Dimissioni del lavoratore e violenza morale, in Dir. lav., 1996, I, p. 222; CIMMINO, op. cit., p. 62.

[xxvi] D'AVANZO op. cit. p. 1037, Secondo CIMMINO, op. cit., p. 11, il recesso è imprescrittibile.

[xxvii] ROSELLI op. cit..

[xxviii] Cass. Sentenza n. 267 del 1976, SANTORO - PASSARELLI "Dottrine Generali di Diritto Civile" p.72, D'AVANZO 1967.

[xxix] ROSELLI "Il Recesso dal Contratto" 2002.

[xxx] FRANZONI, op. cit., p. 332.

[xxxi] Cass. civ. Sez. III Sentenza n. 20106 del 2009. Cass. n. 4241 del 1981.

[xxxii] SANTORO, Un caso particolare di abuso nel recesso ad nutum: la brusca rottura del credito, in Contratto e impresa, 1986, pp. 772-778, con citazioni della dottrina e giurisprudenza francesi per l'ipotesi di "rupture inopinée et brusque de crédit".

[xxxiii] Cass. civ. Sez. III Sentenza n. 20106 del 2009.

[xxxiv] Cass. n. 2719 del 1995.

[xxxv] TOFFOLETTO "Il recesso nel contratto d'opera e nel contratto di lavoro autonomo di durata", BURRAGATO "Riflessioni in tema di recesso nel contratto d'opera intellettuale e rapporti di durata", C. Cost. Sentenza. n. 209 del 1974.

[xxxvi] BIANCA "Diritto civile" v. 3, TABELLINI "Il recesso" GIAMPICCOLO "La dichiarazione recettizia", MIRABELLI "Dei Contratti in Generale", D'AVANZO "voce Recesso" in Noviss. Dig. Italiano, GABRIELLI-PADOVINI "Recesso" in Enc. Dir, DE NOVA "Il recesso" in Tratt. dir. priv. Rescigno, GALGANO "Il Negozio Giuridico".

[xxxvii] D'AVANZO op. cit.

[xxxviii] RESCIGNO "Incapacità naturale e adempimento" p. 85-117.

[xxxix] CARIOTA FERRARA "Il negozio Giuridico nel Diritto Privato Italiano".

[xl] GABRIELLI-PADOVINI "voce Recesso, in Enc. dir. p. 42, CESARO "Il contratto e l'opzione" p. 249, CARPINO "L'acquisto coattivo dei diritti reali" p. 153.

[xli] Cass. Civ. Sez. I, Sentenza n. 2741 del 83.

[xlii] PROSPERI "Forme complementari e atto recettizio" in Riv. dir. comm. p. 234; DE NOVA , cit. Tr. Rescigno; BIANCA, op. cit., p.701, MANCINI "Il recesso unilaterale e i rapporti di lavoro".

[xliii] Cass. Sentenza n. 2873 del 1979.

[xliv] GABRIELLI "Vincolo contrattuale e recesso unilaterale".

[xlv] ROSELLI "Il Recesso dal Contratto", LAVAGGI "Osservazioni sul recesso unilaterale del contratto"; RUBINO "Recesso e scioglimento retroattivo per dichiarazione unilaterale di volontà"; MESSINEO "Manuale di Diritto civile e Commerciale"; OSTI, voce Contratto, cit., p. 527; DE RUGGIERO "Istituzioni di diritto civile", FRANZONI "Degli effetti del contratto" in Commentario del codice civile, diretto da P. Schlesinger p. 312, afferma che la norma non rappresenterebbe una novità; D'AVANZO "Recesso" in Noviss. Dig. it., p. 1027, afferma che i principi generali in materia di recesso non riescono a spiegare le diverse figure di recesso disciplinate dal codice. Cass. Sentenza n. 1740 del 1949.

[xlvi] MANCINI , "Il recesso unilaterale e i rapporti di lavoro" LUMINOSO, "Il mutuo dissenso" GABRIELLI, op. cit., p. 4 e ss.

[xlvii] SCOGNAMIGLIO "Contributo alla teoria del negozio giuridico", MIRABELLI "Dei Contratti in Generale"p.298, SANGIORGI "voce Recesso" in Enc. giur. Treccani, vol. XXVI p. 1.

[xlviii] DE NOVA "Il recesso" in Tratt. dir. priv. Rescigno, SANGIORGI op. cit.

[xlix] Cass. Sentenza n. 424 del 1963, DE NOVA op. cit. p. 548 - 549 , D'AVANZO op. cit. Secondo FRANZONI , op. cit., pp. 357-358, e Cass. n. 7579 del 1983, il recesso, poiché fa eccezione al principio generale della irrevocabilità del negozio giuridico, non è suscettibile d'interpretazione estensiva.

[l] DE NOVA op. cit. p. 548 -549.

[li] GABRIELLI "Vincolo contrattuale" p. 13 e ss., SANGIORGI op. cit., MANCINI, op. cit., p. 206 ss.; ROMAGNOLI, Disdetta, in Enc. dir., XIII, Milano, 1964 p. 92; GABRIELLI - PADOVINI, op. cit.,p. 29; DE NOVA, Recesso e risoluzione, cit., p. 10; FRANZONI, op. cit., p. 338.

[lii] Cass. Sentenza n. 1098 del 1962.GABRIELLI "Vincolo contrattuale", p. 13 e ss., SANGIORGI op. cit., MANCINI, op. cit., p. 206 ss.; E. ROMAGNOLI, p. 92; GABRIELLI - PADOVINI, op. cit.,p. 29; DE NOVA, Recesso e risoluzione, cit., p. 10; FRANZONI, op. cit., p. 338.

[liii] FRANZONI, op. cit., p. 340, DONATI " Trattato delle assicurazioni private" p. 317, GAMBINO "Assicurazione" in Enc. giur. it., II, VOLPE PUTZOLU "L'assicurazione" in Trattato di diritto privato, diretto da P. Rescigno, XIII, p. 95.

[liv] Così: Cass. n. 2817 del 1976.

[lv] V. cap. 16, p.81 e ss.

[lvi] Secondo FRANZONI, op. cit., pp. 357-358, l'esercizio del diritto di recesso deve essere vincolato ad un termine, stabilito espressamente dalle parti o quanto meno determinabile, per evitare che l'efficacia del contratto, dipenda dall'arbitrio della parte titolare di tale diritto.

[lvii] GUGLIELMETTI , I contratti normativi, p. 194. MESSINEO, Dottr . gen., p. 526; CALLEGARI, Il recesso, cit., p. 15. Cass. n. 228 del 1956.

[lviii] Del recesso ad nutum si è già detto in precedenza: v. ante cap.3 p 21 e ss..

[lix] V. cap.15, p. 75 e ss..

[lx] DE NOVA op cit. p.548, BARBERO, Sistema istituzionale p. 481, GABRIELLI, op. cit ., p. 91, ritiene che l'ultimo coma dell'art. 1373 c.c. si riferisca a tutti i comma precedenti; contra: D'AVANZO, voce « Recesso (diritto civile) », nel Noviss Dig. it., XIV p. 1038, secondo cui la derogabilità riguarda solo il terzo comma.

[lxi] TAROLO "Lo scioglimento del contratto preliminare". Secondo, Cass. n. 3071 del 1973, non può essere considerato come recesso unilaterale quel diritto, che le parti espressamente stabiliscono, sia esercitabile soltanto a contratto eseguito.

[lxii] DI MAJO "Recesso unilaterale e principio di esecuzione" in Riv. dir. Comm. p. 116, BIANCA op cit. p. 742, CARNELUTTI "Teoria generale del diritto" p.343.

[lxiii] Cass. Sentenza n. 1740 del 1949.

[lxiv] Cass. Sentenza n. 2417 del 1971.

[lxv] DE NOVA op. cit. p. 548, ROSELLI op. cit; BALBI 1960, p. 91.

[lxvi] ROMANO, La revoca degli atti giuridici privati, Padova, 1935, p. 34. CORRADO, Recesso, revoca, disdetta (chiarimenti sistematici), in Dir. economia, 1956, p. 577, ritiene che, il codice del 1942 abbia accolto una nozione assai amplia di recesso, che comprende negozi estintivi e risolutivi. Per GABRIELLI, cit. p. 96, questa estesa accezione del recesso sarebbe espressione non di un principio generale, ma di una regola eccezionale.

[lxvii] Cass. civ. Sez. lavoro Sentenza n. 1513 del 199; Cass. Civ. Sez. II Sentenze n.:12860 del 1993, 16591del 2012.

[lxviii] Cass. Sentenza n. 3071 del 1973.

[lxix] Gabrielli op. cit. p. 93

[lxx] Di contrario avviso è il LUMINOSO, cit., p. 112., per cui tale principio non ha riscontro nel nostro diritto positivo, posto che, l'efficacia reale della retroattività del recesso non può, comunque, travolgere i diritti dei terzi, sorti in base ad atti opponibili alle parti.

[lxxi] LAVAGGI 1950, "Osservazioni sul recesso unilaterale del contratto", p.1053.

[lxxii] LUMINOSO, Il mutuo dissenso, Milano, 1980, p. 56. MANCINI, Il recesso unilaterale, cit., p. 6, ritiene che, in riferimento ad atti ablativi degli effetti contrattuali già realizzati, il termine recesso sia utilizzato impropriamente.

[lxxiii] Cassaz. Sentenze n.: 424 del 1963, 2607 del 1951.

[lxxiv] DE NOVA, Il recesso, in Trattato di diritto privato, diretto da P. Rescigno, X, Torino, 1995, p. 641; FRANZONI, op. cit., p. 312. Per CIMMINO, op. cit., p. 73. gli obblighi accessori, come quelli previsti dall'art. 1476 c.c. non possono confondersi con gli effetti reali.

[lxxv] Secondo DE NOVA, Recesso, Torino, 1998, p. 315, il recesso è di regola irretroattivo, ma è sempre possibile il patto contrario di cui al c. 4° del l'art. 1373.

[lxxvi] GABRIELLI 1985, p. 89.

[lxxvii] CARIOTA FERRARA "Il Negozio Giuridico nel Diritto Privato Italiano" p. 15, DI MAJO "Recesso unilaterale e principio di esecuzione" in Riv. dir. comm. p. 119 e ss., GABRIELLI "Recesso e risoluzione per inadempimento" in Riv. trim. dir. e proc . civ. p. 741, PELOSI "La proprietà risolubile nella teoria del negozio condizionato" p. 141 nota 96. . LUMINOSO, op. cit., p. 112 e ss.

[lxxviii] V. Cass. n. 9840 del 1999. di particolare significato, a tal proposito è la sentenza n . 1740 del 1949 della Cassazione, in Giur. Cass. civ. 1949, III 245, con nota del RUBINO, e in FI. 1950, I, 1052, con nota del LAVAGGI, dove il problema dell'irretroattività del recesso è superato con il ricorso alla condizione risolutiva potestativa, che le parti possono apporre al contratto, destinata ad operare anche dopo che il contratto abbia avuto un principio d'esecuzione. N. A. CIMMINO, p. 77 ritiene che per le restituzioni, considerata l'assimilazione fra recesso e condizione risolutiva, possa applicarsi l'art. 1360, c. 1°, c. c..

[lxxix] La dottrina è tutt'altro che concorde. In particolare, ROMANO, "La revoca degli atti giuridici privati", cit., 30, evidenzia come il riscatto abbia fondamento ed origine nello stesso contratto di vendita, mentre il recesso, talvolta, può essere determinato da ragioni estranee all'atto revocato. V. anche CARPINO, L'acquisto coattivo dei diritti reali, Napoli, 1977, 2. e RUBINO, op cit. obietta che, il diritto di riscatto deve essere contenuto entro rigorosi limiti di tempo (5 anni per gli immobili e 2 anni per immobili) e la restituzione del corrispettivo non può avvenire in misura superiore a quella originaria.

[lxxx] BIANCA cit., p. 59.

[lxxxi] Cass. Sentenze n.: 267 del 1976, 5340 del 1980, 873 del 1979; 2741 del 1983, 5059 del 1986, MIRABELLI "Dei contratti in generale" il quale però specifica, che non è sufficiente solo quel comportamento da cui risulti la volontà di non adempiere al contratto.

[lxxxii] Cass. Sentenza n. 2873 del 1979, MIRABELLI "Dei contratti in generale.

[lxxxiii] GABRIELLI op. cit. p. 130.

[lxxxiv] GABRIELLI-PADOVINI op. cit. p.44.

[lxxxv] BIANCA op. cit. p. 737, D' AVANZO op. cit. p. 1036, SANGIORGI op. cit. p. 7, Cass. Sentenze n.: 267 del 1976 e 1609 del 1994, Cass. II Sez. Civ. Sentenza n.5454 del 1990.

[lxxxvi] Cass. n. 2607 del 1951.

[lxxxvii] Cass. Sentenze n.: 267 del 1976 e 1609 del 1994.
[lxxxviii] Cass. Sentenze n.: 9666 del 1997, 11899 del 1998, 12496 del 2000, Contra: Cass. Sentenza n. 5340 del 1980.
[lxxxix] Cass. Sentenza n. 7354 del 1997.
[xc] GABRIELLI op. cit. p.106 , Cass. Sentenze n.: 2873 e 7599 del 1979.
[xci] Secondo Cass., 22-12-1983, n. 7579, il diritto di recesso deve essere sottoposto un termine, ad evitare che il contratto rimanga subordinato indefinitamente all'arbitrio della parte titolare del diritto di recesso.
[xcii] GABRIELLI op. cit. p. 128.
[xciii] Cass. Sentenza n. 6507 del 1979.
[xciv] GABRIELLI op. cit. p.100.
[xcv] Cass. Sentenza n. 6507 del 1979.
[xcvi] In senso favorevole DE NOVA op. cit. p. 549, contra D'AVANZO op. cit. p. 1035.
[xcvii] Cass. Sentenze n.: 28, 2873 e 6507 del 1979.
[xcviii] D'AVANZO op. cit., Cass. Sentenza n. 75 del 1988.
[xcix] GABRIELLI, op. cit. p. 126.
[c] GABRIELLI- PADOVINI op. cit., p. 44, FRANZONI op. cit. p. 314. Cass. Sentenza n. 11179 del 1990, Cass. Sentenza n. 10252 del 1995. Secondo la Sentenza della Cass. n. 13523 del 2001 le dimissioni del lavoratore non possono essere subordinate a una condizione risolutiva, che creerebbe incertezza nel rapporto di lavoro nel periodo della pendenza.
[ci] La categoria dei contratti ad esecuzione istantanea comprende anche i contratti ad esecuzione differita o prolungata nel tempo- vedi ante pag. 17-18.
[cii] D'AVANZO op. cit. p. 1031, GALGANO op. cit., Cass. Sentenze n.: 2615 del 1982, 5644 del 1982, 2625 del 1984.
[ciii] SANGIORGI op. cit. p. 9.
[civ] Cass. Sentenza n. 6507 del 1979.
[cv] Cass. Sentenza n. 6507 del 1979.
[cvi] Ad esempio nel contratto di noleggio di una nave la dichiarazione di prontezza della nave fatta dal noleggiante, non costituisce principio d'esecuzione ex art. 1373, tale da escludere la facoltà di recesso, pattuita in base alla cosiddetta clausola di cancello (attributiva del potere di «cancellare» il contratto) Cass. Sentenza n. 2137 del 2000.
[cvii] Cass. Sentenza n. 2137 del 2000.
[cviii] Cass. Civ. Sez. II Sentenza n. 7762 del 2013.
[cix] Nello stesso senso: Cass. n. 2607 del 1951.
[cx] Cfr. Cass. n. 6318 del 1980.
[cxi] Vedi: Cass. n. 6507 del 1979, Cass. n. 6482 del 1980, Cass. n. 2615 del 1982, Cass. n. 5641 del 1982, Cass. n. 2625 e 6582 del 1984, Cass. n. 1101 del 1988. C. TAROLO "Lo scioglimento del contratto preliminare, in AA.VV., Recesso e risoluzione, cit., pp. 95-96.
[cxii] Cfr. Cass. n. 5196 del 1078, Cass. n. 6507 del 1979.
[cxiii] Cass. n. 6318 del 1980, Cass. n. 8674 del 1990..
[cxiv] V. Cass. n . 5476 del 1980, Cass. civ. Sez. lavoro Sentenza n. 1513 del 199; Cass. Civ. Sez. II Sentenze n.:12860 del 1993, 16591del 2012.
[cxv] Cass. civ. Sez. lavoro Sentenza n. 1513 del 199; Cass. Civ. Sez. II Sentenze n.:12860 del 1993, 16591del 2012.
[cxvi] Secondo B1ANCA, op. cit., p. 702-703, le parti, derogando alla disciplina legale, potrebbero stabilire, che si possa recedere dal contratto, quando sia stato in tutto o in parte eseguito e anche se abbia già prodotto effetti reali. Nel senso, invece, che non possa trattarsi di recesso in senso proprio, se dal contratto sia derivato un effetto reale v., tra gli altri, RUBINO, La compravendita, Milano, 1962, 1080, e ROMANO, Vendita, Contratto estimatorio, Milano, 1960, 200.
[cxvii] G. F. CARRESI, Il contratto, Milano, 1987, p. 847; Cass. 18 settembre 1974, n. 2504, in Foro it., 1974.
[cxviii] Cfr. Cass. n. 3071 del 1973:" non può configurarsi come recesso unilaterale, a norma dell'art. 1373 cc. una facoltà esercitabile, per espressa previsione delle parti, soltanto a contratto eseguito". Nel caso di specie, secondo la Suprema Corte, la clausola con la quale si concedeva al venditore di un terreno la facoltà, di sciogliersi dal vincolo contrattuale, qualora il compratore non avesse costruito entro un dato termine e secondo un determinato progetto, costituiva non un'ipotesi di recesso, ma una condizione risolutiva.
[cxix] Cass. nn.: 2417 del 1971, 6507 del 1979, 6318 del 1980, 5641 del 1982, 2625 del 1984, 6582 del 1984.

[cxx] SANGIORGI, "Recesso ad nutum e Rapporti di durata", Milano, 1965; CALLEGARI, "Il recesso unilaterale nei contratti", Torino, 1939, DE NOVA, op. cit.
[cxxi] Così GABRIELLI - PADOVINI, cit., p. 36.
[cxxii] Nello stesso senso MANCINI, Il recesso unilaterale e i rapporti di lavoro, I, Milano, 1962, p. 270 ss.
[cxxiii] SANGIORGI, cit., p. 110. Cass. n. 9899 del 1999.
[cxxiv] Secondo DE NOVA, , cit, il recesso nei contratti di durata ha effetto immediato., ma tali contratti a possono richiedere il completamento di un ciclo di godimento o un preavviso
[cxxv] Nello stesso senso, G. OPPO, cit.
[cxxvi] SANGIORGI, Recesso, cit.
[cxxvii] G. DE NOVA, Il recesso, cit., p. 640. Secondo C.M. BIANCA, op. cit., p. 737, il patto di recesso può essere reso opponibile ai terzi. Per SANGIORGI, cit., p. 147, la clausola di recesso non sarebbe apponibile a quei contratti, per i quali la legge impone per la loro stessa natura un limite di durata minima.
[cxxviii] Cass. n. 4507 del 1993.
[cxxix] S. CECCONI, Recesso dal contratto a tempo indeterminato e modificazione unilaterale; L. FANTINI, Ultrattività della contrattazione collettiva e recesso dal contratto collettivo senza predeterminazione di durata. Cass. n. 6408 del 1993, Cass. n. 8360 del1996, Cass. , n. 3296 del 2002.
[cxxx] Così L. GRINGERI, Dei rimedi diretti allo scioglimento del contratto d'assicurazione, in AA.VV., Recesso e risoluzione, cit., p. 908.
[cxxxi] Nello stesso senso G. OPPO, I contratti di durata, in Riv. dir. comm., 1943, II, p. 24, ora in Scritti giuridici, III, Padova, 1992; P. RESCIGNO, Contratto collettivo senza predeterminazione di durata e libertà di recesso, in Mass. giur. lav., 1993, p. 579.
[cxxxii] MAIORCA "Il Contratto", p. 261 ss.; BIANCA 1984, p. 704 ss.; Cass. n. 5641 del 1982.
[cxxxiii] L. ABELLO, Della locazione, vol. II, Napoli-Torino, 1910, p. 609; F. CARNELUTTI, Del licenziamento nella locazione di opere a tempo indeterminato, in Riv. dir. comm., 1911, I, p. 377; F. GALGANO, op. cit., p. 62.
[cxxxiv] GALGANO, Associazioni, fondazioni, comitati, p. 353 ss., afferma che solo l'atto di fondazione può creare un vincolo perpetuo sui beni.
[cxxxv] Per il MANCINI, Il recesso, op. cit p.12 ss, e LUMINOSO, Il mutuo dissenso, cit. p.52, i termini riscatto, revoca e rinuncia usati in tal senso, costituiscono solo varianti terminologiche del termine recesso. GABRIELLI-PADOVINI, cit., p. 2, a tal proposito parla di revoca ordinaria. SANGIORGI, cit., p. 3, parla di revoca ad nutum. Queste ipotesi vengono contrapposte a quelle in cui il recesso presuppone una giusta causa.
[cxxxvi] Avendo aderito all'opposta teoria, vedi ante pg. 26-27. Contra: Cass. n. 7579 del 1983, Cass. n. 424 1963 e M. FRANZONI, op. cit., p. 32, secondo il quale il recesso costituisce eccezione a principi generali e non è estensibile per analogia.
[cxxxvii] MIRABELLI, Dei contratti in generale, Torino, 1956, p. 223; Contra D'AVANZO, cit., p. 1032, il quale sostiene che, la legittimazione al recesso deriva dalla legge o dalla volontà delle parti, non sia, invece, espressione di un principio generale dell'ordinamento giuridico.
[cxxxviii] P. RESCIGNO, Contratti collettivi, p. 581.
[cxxxix] Così GALGANO, cit.; S. SANGIORGI, Recesso ad nutum e Rapporti di durata , Milano, 1965, p. 111; G. GABRIELLI-F. PADOVINI, op. cit., p. 300; R. SCOGNAMIGLIO, op. cit., p. 293; G.F. MANCINI, op. cit., pp. 236-258; G. DE NOVA, Il recesso, cit., p; 645, N.A. CIMMINO, op. cit.,. Cfr. Cass. n. 4530 del 1984. n. 7579.
[cxl] BIANCA, op. cit., p. 705.
[cxli] G. DE NOVA, Il recesso, cit., p; 638; U. BRECCIA, Il diritto all'abitazione, Milano, 1980, pp. 196- 207, il quale ritiene che nelle locazione di immobili abitativi, il legislatore abbia compiuto un contemperamento degli interessi delle parti, per la possibilità, offerta al conduttore, di avvalersi di possibilità alternative in quelle ipotesi in cui, ricevuto l'atto di recesso, non sia in grado di rivolgersi al mercato degli alloggi, al fine di reperire una nuova abitazione.
[cxlii] Per le società di persone v. FUSARO, La durata delle società di persone e i diritti del creditore particolare del socio, in Contratto e impresa, 1987, p. 494.
[cxliii] G. BURRAGATO, Riflessioni in tema di recesso nel contratto d'opera intellettuale e rapporti di durata, in AA.VV., Recesso e risoluzione, cit., pp. 1002-1003. Secondo P. VITUCCI, Profili della conclusione del contratto, Milano, 1968, pp. 86-108, a proposito del contratto sorge il dubbio sull'idoneità della proposta contrattuale o degli atti unilaterali, a produrre vincoli.
[cxliv] Per F. GALGANO, Gli effetti del contratto, in Commentario del codice civile Scialoja-Branca, Bologna - Roma, 1993, p. 640, nel contratto d'opera intellettuale il professionista non può opporre l'eccezione di inadempimento, al cliente che non gli versa gli acconti dovuti. Peraltro, il

professionista, essendo la sua una obbligazione di mezzi, ha diritto a conseguire il compenso, a differenza a differenza dell'appaltatore e del prestatore d'opera manuale, anche se il risultato non è raggiunto.

[cxlv] G. GABRIELLI, Vincolo contrattuale e recesso unilaterale, Milano, 1985, p. 79.

[cxlvi] Cass. n. 17334 del 2004.

[cxlvii] MIRABELLI, Dei contratti in generale, p. 301 e *Atto o negozio giuridico, p. 340. Secondo* Cass. n. 1021del 1953, l'eventuale dichiarazione di revoca del recesso equivale alla proposta di nuovo contratto.

[cxlviii] BIANCA, op. cit. Cass. n. 227 del 2013.

[cxlix] PERA, La cessazione del rapporto di lavoro, pp. 48-54; S. SANGIORGI, Rapporti, cit., p. 130; Id., Recesso, cit., n. 31; G. GABRIELLI-F. PADOVINI, op. cit., p. 31. Cass. n. 227 del 2013.

[cl] C.M. BIANCA, op. cit., p. 794.

[cli] MESSINEO, in Banca, borsa etc., 1934, I, 208.

[clii] Cass. n. 6558 del 2010.

[cliii] Cfr. Cass. n. 267 del 1976.

[cliv] GABRIELLI, cit. pg. 103.

[clv] MIRABELLI, cit. Cass. n. 11 del 1959.

[clvi] GABRIELLI , op. cit., p. 102, e nota 207.

[clvii] Così anche Cass. n. 267 del 1976, secondo cui solo quando il corrispettivo abbia valore e oggetto indennitario, non condiziona l'efficacia del recesso. Contra: Cass. n. 1176 del 1959, in cui si afferma che, nel recesso convenzionale, di cui all'art. 1373 c.c , in tutti i casi le parti abbiano stabilito una prestazione del recedente, a titolo di prezzo dello ius poenitendi o a titolo d'indennizzo, "il recesso non ha effetto se la prestazione non è stata adempiuta".

[clviii] BIANCA, op cit, afferma che si para di multa penitenziale anche quando il corrispettivo sia previsto per il recesso dai contratti a prestazione continuata o periodica.

[clix] MIRABELLI, Dei contratti, cit., p. 301 e DE NOVA, Il recesso, in Trat. dir. priv., diretto da Rescigno, vol. X, t. 2, Torino, 1982, p. 555.

[clx] BAVETTA, La caparra, Milano, 1963; TRIMARCHI, Caparra (diritto civile), in Em:. dir., VI, 202.

[clxi] MIRABELLI, op. cit., p. 34; TRIMARCHI, cit., 203. Cass. n. 2339 del 1979.

[clxii] In tal senso cfr. TRIMARCHI, cit., p. 202. Diversamente MIRABELLI, Dei contratti in generale, p. 347.

[clxiii] V. meglio ante par. 10 p. 47-48 e nota n 80.

[clxiv] Cass. n. 4545 del 1978.

[clxv] D'AVANZO op. cit..

[clxvi] Per Cass. n. 4628 del 1979, la caparra avrebbe normalmente carattere confirmatorio. Contra Cass. n. 5777 del 1983, che , invece, ritiene occorra un'espressa indicazione delle parti.

[clxvii] SANGIORGI, voce Giusta causa, in Enc.dir., vol. XIX, 1970, p. 547.

[clxviii] BETTI, Teoria generale del negozio giuridico, cit., p. 180.

[clxix] ROSELLI, cit.. Cass. n. 8933 e 8934 del 1998.

[clxx] DEIANA, I motivi nel diritto privato, Torino, 1939, p. 50 ss.; CALLEGARI, Il recesso,cit., p. 229 ss.; MESSINEO , Dottr. gen., cit., p. 526. Cass. n. 2830 del 1956.

[clxxi] LAVAGGI, Osservazioni sul recesso unilaterale del contratto".

[clxxii] Vedi: Cass. n. 1888 del 1974.

[clxxiii] Vedi ante p. 29.ù, Cap. VI.

[clxxiv] *SANGIORGI, Recesso, cit.*

[clxxv] Cass. n. 2841 del 1956, VERCELLONE, Licenziamento per giusta causa, Rassegna di giurisprudenza in Diritto dell'economia, TABELLINI, Il recesso. cit., p. 87.

[clxxvi] BIANCA, cit., p. 698.

[clxxvii] SANGIORGI, cit., p. 6.

[clxxviii] SCOGNAMIGLIO, op. cit., p. 295. PERA, La cessazione del rapporto di lavoro, Padova, 1980, pp. 1-7.

[clxxix] SANGIORGI, Recesso, cit., n. 5.1. ROSELLI, Il controllo della Cassazione civile sull'uso delle clausole generali, Napoli, 1983.

[clxxx] BRECCIA, Il diritto all'abitazione, Milano, 1980, p. 198., D'AVANZO, op. cit., p. 1036.

[clxxxi] GABRIELLI, op . cit., p. 107 e ss., che si sofferma sui limiti del recesso convenzionale.

[clxxxii] V. MIRABELLI , op. cit..

[clxxxiii] Cass. n. 2417 del 1971.

[clxxxiv] BETTI, Teoria generale del negozio giuridico, Torino, 1950, p. 505; CIMMINO, op. cit., pp. 4-7; CICOGNA, op. cit., p. 48.

[clxxxv] Cfr. VERCELLONE, Disdetta, recesso discrezionale recesso per giusta causa, con riferimento al contratto di agenzia, in Diritto dell'economia, 1957, pp. 314 e ss.
[clxxxvi] Cfr. Cass. n. 2484 del 1967. DE BON, Appalto privato, in AA.VV., Recesso e risoluzione, p. 469.
[clxxxvii] Per LAVAGGI, op. cit., p. 1056, le norme di cui agli artt. 1537 e 1538 c.c. non costituiscono ipotesi di recesso, sarebbero, invece, fatti ùspecie risolutive del contratto. Infatti, ritiene che, il recesso non possa operare, quando gli effetti del contratto si siano già prodotti.
[clxxxviii] MANCINI, op. cit., pp. 157-203.
[clxxxix] DE NOVA, Le clausole vessatorie, Milano, 1996, p. 22; FRANZONI, op. cit., p. 350.
[cxc] DE NOVA, Recesso, op. cit., p. 320.

[cxci] MIRABELLI, op. cit. p. 228; GABRIELLI - PADOVINI, Recesso (dir. privato), in Enc. dir., XXXIX, Milano, 1988, p. 28; DE NOVA, Recesso e risoluzione nei contratti. Appunti da una ricerca, in AA.VV., Recesso e risoluzione, p. 2; DI MARTINO, Contratto di affitto di fondo rustico: recesso e risoluzione, p. 416. Alcuni autori, come BETTI , op. cit., pag. 162, 323 e MESSINEO, op cit., non si pronunziano in modo specifico sul punto.
[cxcii] Così: FRANZONI, op. cit., p. 311; PONTANI, La locazione, p. 383; ROMAGNOLI, Disdetta, in Enc. dir., XIII, Milano, 1964, pp. 92-93, il quale afferma che la distinzione fra recesso e disdetta è solo quella fra potere e strumento.
[cxciii] MESSSINEO op. cit..
[cxciv] Parlano di condizione risolutiva: RESCIGNO, voce Condizione in Enc. dir., VIII, Milano, 1961, p. 784; NATOLI, La proprietà. Appunti dalle lezioni, Milano, 1976, p. 211. Nel senso del recesso: BIANCA, Il contratto, cit., p. 739.
[cxcv] Nello stesso senso: FERRARA F. senior, Teoria dei contratti, pag. 317; contra CARIOTA FERRARA, op. cit., secondo il quale in tali casi o si ha negozio bilaterale o sentenza.
[cxcvi] LAVAGGI "Osservazioni sul recesso unilaterale dal contratto".
[cxcvii] PELOSI, "La proprietà risolubile nella teoria del negozio", p. 332 e ss. V. anche GABRIELLI , op. cit., p. 92 e ss. DE NOVA cit. p. 549. Nell'ambito della condizione meramente potestativa si distingue l'ipotesi della condizione consistente in un fatto, la cui realizzazione dipende dalla volontà del contraente, dalla condizione che dipende dalla sola mera volontà della parte. Su questa distinzione vedi STANZIONE, Situazioni creditorie meramente potestative, Napoli, 1982, p. 80.
[cxcviii] Cass. n. 3071 del 1973, Cass. n. 9840 del 1999.
[cxcix] Cass. n. 2504 del 1974.
[cc] FRANZONI, op. cit., p. 374; PELOSI, La proprietà risolubile nella teoria del negozio condizionato, Milano, 1975, pp. 335-336.
[cci] Secondo BIANCA, op cit., la distinzione tra recesso e condizione risolutiva meramente potestativa non ha ragione di esistere, in quanto una simile condizione non rappresenterebbe nient'altro che un potere di revoca o di recesso. Sul tema vedi anche: GABRIELLI, Vincolo contrattuale e recesso unilaterale , Milano, 1985. LAVAGGI, op. cit., p. 1054; CICOGNA, Recesso e figure affini in Foro pad., 1997, II, p. 46.
[ccii] Secondo: MOSCO, La risoluzione per inadempimento, Napoli, 1984, p. 35 e SACCO, Il contratto, Torino, 1985, p. 925, nell'azione di risoluzione per inadempimento la colpa del debitore ha rilevo solo ai fini del risarcimento del danno.
[cciii] ROSELLI op. cit.
[cciv] Cass. n. 6347 del 1985. GABRIELLI, Vincolo unilaterale, cit., p. 41; MIRABELLI, op. cit., p. 223.
[ccv] Cass. Sez. Un. n. 553 del 2009.
[ccvi] Cass. n. 1550 del 1951.
[ccvii] Cass. n. 6983 del 1982.
[ccviii] MANCINI, op. cit., p. 2, nt. 2; GABRIELLI, Vincolo contrattuale, cit., p; 40; MENICHINO, Gli strumenti di scioglimento del contratto di deposito, in AA.VV., Recesso e risoluzione, p. 779.
[ccix] GABRIELLI- PADOVINI, op. cit., p. 34.
[ccx] MIRABELLI, Dei contratti in generale, Torino, 1980, p. 647.
[ccxi] GABRIELLI 1974, 725; Cass. Sez. Un. n. 553 del 2009, Cass. n. 3071 del 1973, Cass. n. 1550 del 1951, Cass. n. 3474 del 2012.
[ccxii] Nello stesso senso: Cass. n. 5059del 1986 e Cass. n. 2729 del 1984. Contra: Cass. n. 2070 del 1993, secondo cui, poiché la proposizione della domanda di accertamento del recesso non include implicitamente la domanda di risoluzione con pronuncia costitutiva, la sentenza d'accertamento del recesso non precluderebbe una successiva azione di risoluzione del contratto con effetto retroattivo.
[ccxiii] Cass. n. 1952 del 2003.

Note

[ccxiv] BIANCA, op. cit.

[ccxv] ROMANO, La revoca degli atti giuridici privati, Padova, 1935, p. 52.

[ccxvi] MANCINI, Il recesso unilaterale e i rapporti di lavoro, p. 117 e ss..

[ccxvii] FERRI, Revoca in Enc. dir., XL, Milano, 1989, p. 199; DE RUGGIERO, "Istituzioni di diritto civile", p. 300

[ccxviii] SANTORO-PASSARELLI, Dottrine, cit., p. 210 e ss.; MIRABELLI, Dei contratti, cit. p. 66 e ss.; MIRABELLI, Atto non neg., cit., p. 436 e ss.

[ccxix] Nello stesso senso: OSTI, voce Contratto, cit., p. 526, ROMANO, voce revoca in Noviss. Digesto Italiano., p. 810, SCOGNAMIGLIO, Contratti in generale, p. 211, questi autori circoscrivono la revoca al campo dei negozi unilaterali, qualificando il mutuo consenso semplicemente come contratto, che elimina un contratto precedente.

[ccxx] DEIANA, Contrarius consensus, in Riv. d ir. p riv., 1938, I, 89 ss., in partic. 107-10; CARIOTA-FERRARA, Neg. giur., cit., pp. 153, 675, ritengono che la revoca possa operare anche sui contratti. Deiana, in particolare, ritiene che sia stato un errore quello di non riportare nel nuovo codice la formulazione dell'art. 1123, 2° comma, del codice abrogato, che parlava di *"revoca per mutuo dissenso"*.

[ccxxi] BETTI, Teoria, cit., p. 251, a proposito dei contratti stipulati nell'interesse del revocante, si riferisce espressamente alla revoca del mandato, che invece, come si è già detto, deve reputarsi un caso di recesso, impropriamente definito revoca dal legislatore.

[ccxxii] ROMANO La revoca degli atti giuridici prillati (Padova, 1935), P. 170; SCOGNAMIGLIO, Contributo ecc., op. cit., p. 299; MIRABELLI, Dei contratti, p. 216.

[ccxxiii] Così ROMANO, voce revoca in Noviss, Digesto Italiano.

[ccxxiv] NANNI, La revoca del mandato, Padova, 1992, p. 16. MIRABELLI op. cit.; MESSINEO op. cit..

[ccxxv] Vedi tra gli altri, CORRADO, cit., p. 481:, secondo il quale la revoca opera sul negozio; il recesso sul rapporto.

[ccxxvi] TALAMANCA, cit., p. 159, afferma che la revoca, come qualsiasi altro negozio, agisce direttamente sull'efficacia giuridica dell'atto, essendo diretto ad eliminare la situazione giuridica creata dal negozio precedente. Per CHIOMENTI, La revoca delle deliberazioni assembleari, p. 65: è inconcepibile l'eliminazione di un negozio, che non comporti necessariamente l'eliminazione di tutti i suoi effetti.

[ccxxvii] Cfr., tra gli altri: D'AVANZO, op. cit., p. 1028; RUBINO, La compravendita, in Trat .dir. civ. e comm., dir. da Cicu - Messineo, vol. XXIII, Milano, 1971, p. 1079; ROMANO, Revoca (diritto privato), in Noviss. Dig. Ita. P. 808; ROMANO La revoca degli atti giuridici privati, Padova, 1935; CHIOMENTI, La revoca delle deliberazioni assembleari, Milano, 1969; CORRADO, in Dir. econ. 1956, p 476; DEIANA, in Riv. dir. priv. I, p. 89; TALAMANCA in Riv. Dir. civ. 1964, I, p. 150, il quale afferma, che la revoca non sia mai retroattiva, in quanto ritiene, che operi non sull'atto, ma sui suoi effetti.

[ccxxviii] Così tra gli altri v. DE CUPIS, in RISG. 1939, p.208. Secondo GABRIELLI-PADOVINI, op. cit., p. 39, anche al recesso sarebbe da attribuire un effetto retroattivo, poiché il recedente di solito mira proprio a risolvere retroattivamente il vincolo contrattuale.

[ccxxix] Nello stesso senso ROMANO, voce Revoca, in Noviss. Dig. Italiano. MIRABELLI, op.cit. Secondo OSTI, op. cit., quando gli effetti obbligatori o traslativi del contratto, pur essendo stati prodotti, non siano stati attuati, si tratterebbe di mutuo consenso e non di negozio modificativo. Cass.: n. 389 del 1958, n. 360 del 1965, n. 3772 del 1976,

[ccxxx] BETTI, Teoria, cit., p. 251, v. nota n.

[ccxxxi] MESSINEO, op cit. 1952, p. 472; DEJANA, Contrarius consensus, in Riv. dir. priv:, 1938, I, p. 89 e ss; considera, invece, superflua la disposizione, in quanto ritiene sufficiente il principio dell'autonomia contrattuale.

[ccxxxii] LUMINOSO "Il mutuo dissenso", 1980, p. 280 ss., ritenendo il mutuo consenso strumento di generale applicazione, afferma che potrebbe essere esteso oltre il campo dei contratti.

[ccxxxiii] ROMANO, op. cit., p 810; FALZEA "La condizione e gli elementi dell'atto giuridico" ,1941, p. 253 ss.; MIRABELLI "Dei contratti in generale", 1967, p. 256 s.; SCOGNAMIGLIO "Contributo alla teoria del negozio giuridico " ,1950, p. 127 s., secondo il quale delle scelte negoziali compiute non ci si può successivamente pentire, ritrattando il proprio consenso, anche per le conseguenze pregiudizievoli che si produrrebbero nei confronti della controparte e dei terzi.; LUMINOSO "op. cit. p. 32 ss., definisce il mutuo consenso come un particolare tipo negoziale con funzione solutoria di un precedente contratto, che <u>rimuove la regola o il regolamento</u> posto con tale contratto. Cass. n.1821 del 1969. Cass. n. 1468 del 1953.

[ccxxxiv] BIANCA op. cit. p. 700; MAIORCA "Il Contratto", 1981, p. 255.

[ccxxxv] Cass. n. 2495 del 1973.
[ccxxxvi] Cass. n. 3360 del 1972.
[ccxxxvii] Cass. n. 1655 del 1973.
[ccxxxviii] SANTORO-PASSARELLI, op. cit. , p. 72-73 definisce il recesso un diritto potestativo; MESSINEO, Dottr. gen., cit., p. 525; MICCIO, Il recesso unilaterale dal contratto come diritto potestativo , in Riv. dir. comm., 1952,I, 373 ss.; Cass. n. 10 del 1962.
[ccxxxix] ROPPO, Il contratto, 1977, p. 116.
[ccxl] TABELLINI, Il recesso, 1962; DI MAJO, Recesso unilaterale e principio di esecuzione, in Riv. dir. comm., 1963, II, p. 110 e ss.; SANGIORGI, Rapporti di durata e recesso ad nutum, 1965; D'AVANZO, voce Recesso (diritto civile), Noviss. Dig. it., XIV, 1967, p. 1027 e ss.; GABRIELLI, Recesso e risoluzione per inadempimento, in Riv. trim. dir. e proc. civ., 1974, p. 725 e ss.; GABRIELLI, Vincolo contrattuale e recesso unilaterale, 1985; p. 66, a proposito del rapporto tra mutuo dissenso e recesso parla di opzione concessa ad entrambe o una sola di sciogliersi dal contratto tramite un nuovo contratto o per recesso, che si configura come un opzione di mutuo consenso.
[ccxli] BETTI, Teoria, cit., p. 259; OSTI. voce contratto, cit., p. 827; COLAGROSSO, Teoria generale delle obbligazioni, 1948, p. 282;
[ccxlii] Bianca, op. cit., 1984, p 700. Cass. n. 947 del 1953, Cass. n. 2554 del 1958, Cass. n. 252 del 1962, Cass. n. 1027 del 1970, Cass. n. 2989 del 1971, Cass. n. 2495 del l973, Cass. n. 143 del 1977, Cass. n. 3885 del 1977, Cass. n. 2080 del 1978, Cass. n. 1186 del 1980.
[ccxliii] Sacco, Il contratto, cit., p. 456 ss. Cass. n. 1320 del 1961, Cass. n. 3072 del 1962, Cass. n. 741 del 1966, Cass. n. 569 del 1968, Cass. n. 1027 del 1970,
[ccxliv] Cass. n. 569 del 1968.
[ccxlv] Cass. n . 1468 del 1953, Cass. n . 389 del 1958.
[ccxlvi] Cass. n. 683 del 1966. MESSINEO op.cit. Secondo MIRABELLI op.cit. il mutuo consenso comprende tre figure distinte. Come revoca bilaterale ha efficacia ex tunc. Mentre come contratto estintivo potrebbe non eliminare alcune delle obbligazioni, se così risulta dalla volontà delle parti. Come contratto modificativo, invece, in suoi effetti operano sempre ex nunc.
[ccxlvii] V. LUMINOSO op.cit.
[ccxlviii] SANTORO-PASSARELLI op.cit.; GAZZONI La trascrizione immobiliare; SCOGNAMIGLIO, Contratti, op. cit., p. 211-12, ritiene necessario un nuovo contratto, che operi il trasferimento in senso opposto, per eliminare un contratto traslativo o costitutivo di diritti reali, non essendo sufficiente a tal fine il mutuo dissenso; per LUMINOSO, op. cit., p. 47. occorrerebbe sempre un contratto ulteriore traslativo di segno opposto.
[ccxlix] BIANCA op.cit., MIRABELLI op.cit..

Note